# 靴磨きの本

長谷川裕也

亜紀書房

THE
SHOE
SHINE
BOOK

—

YUYA
HASEGAWA

—

AKI
SHOBO

# はじめに

　東京・青山に靴磨き専門店 Brift H を構えて8年。僕が靴磨きを始めたのは、2004年、東京駅前の路上でのことです。靴磨きのやり方なども全然わからぬまま、ただただ日銭を稼ぐために始めた靴磨きでした。使っていた道具は100円ショップで買った靴磨きのセットのみ。あるときお客さんに「君の靴磨きはヘタクソだから、ほかの靴磨き屋さんの所へ行って勉強したほうがいいよ」と言われてしまいました。いま考えればヘタクソで当たり前なのですが、当時の僕は、恥ずかしながら自分の靴磨きが下手なことさえもわかっていなかったのです。

　それならばと、近くの路上で40年以上も靴磨きをしているおじさんの所へ向かったものの、弟子入りするつもりもなければ、頼みこんで教えてもらう勇気もなかったので、遠巻きにじっとその人の磨き方を観察していました。すると僕が磨いたときとは比べ物に

ならないほど、お客さんの靴がピカピカになっていくではありませんか！　衝撃でした。その後、おじさんの後ろを行ったり来たりして使っている道具を覚え、その足で道具を買いに行き、おじさんのやり方を思い出しながら自宅で磨いてみると見事に靴が光りだしたのです。このときの感動は、いまでもはっきり覚えています。そうして僕は、靴磨きの奥深き世界にのめりこんでいきました。

　自分なりに思いつくあらゆる方法で靴磨きの勉強を始めました。当時は靴磨きのハウツー本や動画サイトもなかったので、東京にいるほとんどの靴磨き屋さんに靴を磨いてもらい、神保町へ行っては靴や革に関する本、古いファッション雑誌などを探し、少しでも靴磨きについて書いてあるものがあれば買いあさる日々でした。靴クリーム会社のイベントや専門のセミナーにも行きましたし、都立皮革技術センターで行われる革の講習会にも通いました。革に起こる変化を観察するため数十足もの中古靴を買い、レンジでチンしたり煮たり焼いたり……といった実験を繰り返しました。こうして集めた小さな点のような情報をつなぎあわせ線にして、自分なりの靴磨きの方法を発見していきました。無駄とも思えるそのときの試行錯誤の連続が、現在の基盤となり、新しい技術を生む発想の源になっているのです。ひとつひとつの発見が感動的でした。

◇◇◇◇◇

　この本はそれらの集大成です。
　愛すべき革靴を大切に長く履いていくために必要だと思われる靴磨きの知識、技術をできる限りわかりやすく、ていねいに説明しています。革靴について困ったことがあればすぐに開いてもらえるような、あなたの「相棒本」にして頂ければこんなにうれしいことはありません。

はじめに　2

## 1　10年付き合える相棒を見つけよう　6

履きつぶすのではなく、ともに歩む靴へ　8
「この一足」の見つけ方　12

## 2　相棒との付き合い方　14

靴磨きの理由とその仕組み　16
"基本の磨き"を習得しよう　18
　知っておくと便利な靴のパーツ名　18
　靴磨きを始める前にアドバイス　19

### 基本の磨き

　シューケア　20
　シューシャイン　32
　"基本の磨き"をおさらいしよう　41

### 基本の磨き　Q&A　42

### アレンジ磨き

　① スムースレザー（薄い色）　44
　② ガラス革　46
　③ コードバン　48
　④ エキゾチックレザー　50
　⑤ パテントレザー　52
　⑥ スエード　54
　⑦ ヘアカーフ、ファー　57

### アレンジ磨き　Q&A　58

相棒とごきげんに付き合う秘訣　60

## 3　もっと長く付き合うために　64

### 靴に起こる3大トラブル　66

### 靴のトラブル対処法

① カビ　68
② スムースレザーの靴のキズ　70
③ クレーター　72
④ ヒールのめくれ　74
⑤ スムースレザーの靴の雨じみ　76
⑥ 起毛素材の靴の雨じみ　78
⑦ ゴムソールの汚れ　80
⑧ 起毛素材の靴の毛羽立ち　82

### 修理に出すタイミング　83
### 靴のトラブル　Q&A　84

## 4　楽しむ靴磨き　86

### アンティーク仕上げ　88
### パンチングカラーリング　90
### リカラー(染め変え)　92
### チャールズパッチ　93
### 革小物の磨き方　94

### 楽しむ磨き　Q&A　95

おわりに　96

Brift H　インフォメーション　98

あなたにとって「靴磨き」とは、日常的にしていること？ それとも、したことがないこと？ 事実、靴は履きつぶすもの、靴磨きなんて面倒くさい、と考えている人はとても多い。しかし靴は、体にも心にも思いのほか影響を及ぼすもの。合わない靴を履いて足を痛めたり、汚れた靴で出かけてテンションが下がったり、逆に、足にぴったりの靴やお気に入りのピカピカの靴を履いて歩く気持ちよさがあるように――靴は、あなたを足元から支えてくれる大切な相棒だ。いい相棒と出会い、手入れをしながら長く付き合う楽しさをお伝えしたい。

# 10年付き合える相棒を見つけよう

**1**

# 履きつぶすのではなく、
# ともに歩む靴へ

　大人も子どもも男性も女性も、外に出るときにはだれもが必ず履いている「靴」。あなたは、靴とどんな付き合い方をしているだろう?「そんなことは考えたこともない」という人が多いかもしれないが、毎日の生活になくてはならないものである靴を選び、履き、手入れをすることは、とても大事なことだと僕は考えている。

　たとえば、足に合わない靴を履いていれば、靴ずれや外反母趾など健康に害を及ぼすだけでなく、歩きにくい、足が痛い、と気分もダウンするものだ。仕事で急に参加したパーティで、靴がほこりだらけだったりひび割れていたりしたら、やっぱりかっこ悪い。座敷の飲み屋で脱ぎそろえた靴がボロボロだったら、もしそれがデー

トなら振られてしまうかも⁉

　長年、靴磨きを続け、多くの人の靴に触れてきた経験から、靴は、その人を映す鏡だと感じている。おしゃれは足元から……ともいわれるように、いくら高価な衣服を身に着けていても、靴が汚いのではせっかくのおしゃれも台なしだ。もっといえば、靴をきれいに保てる人は、自己管理のできる人だ、とまで思うほどだ。

　路上で靴を磨いていたときも、そして店を構えたいまも、靴を磨き終えた人の多くが、うれしそうに、そして来たときよりも元気に、自信にあふれた歩き方で帰っていくところを見つづけてきた。だから僕は、「靴をきれいにすることは、人が元気になることだ」と実感している。みんなの靴がきれいになれば、だれもが元気になり、そして世の中全体が元気になるのでは？と本気で思っている。僕が常々口にしている、「日本の足元に革命を」という言葉は、こんな思いから生まれたものだ。

◇◇◇◇◇

　身に着けるものの中で一番地面に近い靴は、いつも泥や砂、ほこりにさらされている。さらに履いている人の全体重を受け止め、日にコップ半分もかくという足からの汗を吸い……たった一日だとしても靴のおかれる環境は、かなり過酷だ。放っておけばどんどん汚れ、傷んでいく。そのためか、靴は履きつぶすもの、と考えている人も多い。しかし実のところ、靴は正しい手入れをしつづけていれば、思っている以上に長持ちするものだ。もちろん、どんな靴でもとはいわないが、質のよい素材を使い、きちんとした製法でつくられた靴ならば、50年だって履きつづけられる。私のお客さんには、おじいさんから引き継いだ靴を履きつづけている人もいる。

　あるとき、50歳代の人が「20歳代のころに買ったお気に入りの靴だが、さすがに古くなったので処分しようと思う。その前にこ

れまでの感謝を込めてきれいに磨いてほしい」といって店を訪れてくれた。その、靴を大切にする思いに感激した僕は、心を込めてピカピカに磨き上げた。仕上がりにお客さんは喜んでくれたうえ、「まだまだ履けそうだ」といって帰っていった。きっとあの靴はいまでも現役で活躍しているだろう。

　靴は生活必需品でもあるけれど、長く付き合っていくことができる相棒でもある。人生をともに歩むパートナーだ。靴を構成する素材である革は、年月を経るほどに味わいが出て、長持ちする天然素材だ。汚れや傷みを放ったまま、数年で履きつぶしてしまうなんてもったいない。履き方や扱い方にちょっとだけ気を配り、適切な手入れをしていけば、靴を格段に長持ちさせられるのだ。

　靴磨きといっても、磨くことで新品の状態に戻すのではなく、経年変化を楽しみながら「育てる」という感覚に近い。そのように靴と付き合っていれば、革には歴史が刻まれ風合いが増し、足にもなじんでくる。まずは、10年を目標に、靴と付き合ってみてほしい。もっといえば、10年目からがさらに味が出て自分らしい靴になってくると思う。

◇◇◇◇◇

　靴磨きをプロに頼むのもいいけれど、日ごろのケアや簡単な補修は自分でできるようになったほうが、断然いい。靴磨きなんて面倒くさいと思うかもしれないが、相棒と呼べるようなお気に入りの靴だったら愛着をもって手入れができるのではないだろうか。そういう意味では、自分にとって「この一足」と感じられる靴と出会うこともポイントになるかもしれない。少々値は張るが、安いものを履きつぶしては買い替えるよりも、長い目でみたら経済的である。いいものを、長く大事に使っていくことは、いまの時代にマッチしたスタイルでもあるだろう。

皮革は、僕たちの肌と同じく、水分や油分がしっとり感ややわらかさを生み出しているものだが、放っておけば、どんどん乾燥し劣化してくる。ひどく乾燥するとシワが出る……これも人の肌と同じだ。これを補うのが「靴磨き」なのだ。その手順は、女性のスキンケアによく似ている。汚れを落とす、水分を与える、油分を補う、そして飾る（磨く）。そんな皮革の特性を知ることも、靴磨きに、そして靴のコンディションを維持するためには大切だ。しかし、そんな知識がなくたって、お気に入りの靴が汚れたらきれいにしたくなるのが人の心というもの。そして靴を磨いてみれば、磨いているその瞬間から革がやわらかさを取り戻し、磨けば磨くほど輝きを増してくるのを実際に感じられるだろう。これは、とても楽しいことだ。手をかければかけるほど、靴がそれに応え、長い付き合いが続いていく。

　さあ、10年、いや50年履きつづけることを目指して、さっそく靴を磨いてみよう。

---

# 「この一足」の見つけ方

長く大切に靴を履きつづけたいと思ったら、ポイントになるのが靴選び。すぐ壊れてしまうような靴では、手入れをしても長持ちさせるのは難しい。加えて靴は、足に合っていないと痛みが出るなど体への影響もあるため、自分に合った良いものを選ぶべきだ。本革を使い、きちんとした製法でつくられた靴は、履いていくうちに革が伸び、自分の足にピッタリの形になってくる。1万円以下のものから数10万円のものまで靴の価格はピンキリだが、目安として3万円前後のものを選べば、手入れをしながら10年付き合える一足を手に入れることができるだろう。

## 本革のものを選ぶ

紳士靴など、素材に合成皮革が用いられている靴もあるが、10年付き合えることを基準に選ぶなら、牛革をはじめとする本革（天然皮革）のものを選ぶこと。正しい手入れや修理をすれば、合成皮革のものよりもずっと長持ちさせることができる。見た目や感触、価格で区別できるが、見分けがつかないという人は、購入の際、恥ずかしがらずに尋ねてみよう。

## スムースレザーがおすすめ

革の表（銀面／P.16参照）にガラスやエナメルなどの加工をしていないスムースレザーは、革の風合いが感じられるうえ、基本的な方法で手入れでき、その成果が確実に現れる。まず手に入れるなら、牛革のスムースレザーの靴がおすすめ。装飾が少ないもののほうが手入れがしやすい。

## 定番デザインが長く履ける

靴にも流行があり、靴売り場には、そのときどきの流行りの靴が多く並ぶ。しかし、流行は移り変わっていくもの。そのスピードはとても速いので、流行最先端の靴を選んでしまうと、たとえ靴が壊れていなくても、古くさく感じて履かなくなってしまいがち。長く履いていくならば、定番デザインのものを選ぶといい。昔からあるデザインのものなら流行遅れなど関係なく、10年でも20年でも履きつづけることができる。

左のような内羽根式（P.18参照）のキャップトゥと呼ばれるタイプのものは、ビジネスはもちろん、ちょっとかしこまった席にも向く。まずは、黒、濃い茶の定番カラーからそろえるとよい。

## 修理できる製法か調べる

手入れを続けていても、靴底が減ったり縫い目が切れたり、避けられない経年劣化もある。そのときに修理ができる製法でつくられた靴であればパーツ交換が可能。大きく分けると、パーツを糊付けしているか縫い付けしているか？ 後者であれば新たなパーツに交換できるが、糊付けの場合は難しい。代表的な製法は下記だが、見分けられなくても大丈夫。修理可能かどうかは、購入時にショップで尋ねればいい。

○グッドイヤー・ウェルテッド

本体をつくる部品をインソールと縫い合わせてから、本体縁に取りつけた細い革とアウトソールを縫い合わせる製法。堅牢で、足にしっくりなじむ。

○マッケイ

本体とインソール、アウトソールを、靴の内側でまとめて縫い合わせる製法。軽い履き心地の靴によく用いられる。表からは縫い目が見えず、靴の内側に縫い目がある。

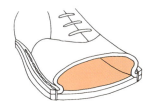

○ステッチダウン

本体の端をアウトソールの縁の部分まで折り曲げて縫い付けた製法。シンプル、軽量で曲げ伸ばしに強い。縁の部分まで本体と同じ革なので見分けやすい。

○セメンテッド

パーツのすべてを接着剤で張り付ける製法。現在、多くの靴がこの製法でつくられる。軽くて様々なデザインに対応するが、アウトソールが張り替えられない。

## お店で正しくフィッティング

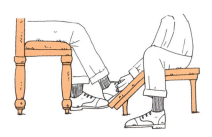

いくら上質な素材でいいデザインの靴でも、足に合っていなければ、歩きにくいし痛みは出るし、いいことがない。足に合った靴を選ぶには、プロの知識を借りながら、いくつも試着してみるのが間違いない。その際、いつも小指が痛くなるなどのクセも伝えるといい。また1日のうちでも足のサイズは変わるので、試着は、足が大きくなっている（むくんでいる）時間帯にするのがベター。靴に合わせる予定の靴下を履いて出かけよう。

天然素材である革をよりよい状態に保ちつづけるためにも、大切な相棒である靴を美しく輝かせるためにも、面倒だなんて思わずに、ぜひ靴磨きに挑戦してみよう。ここでは、ベーシックなスムースレザーのための"基本の磨き"と、それを応用して行うその他の種類の革靴の手入れの方法を順を追って解説する。これからの長い付き合いの始まりとして、新品のときにまず一回。以降は月に一度のペースで磨く。さらに日ごろの履き方やしまい方にも気配りをして、10年、20年……と、お気に入りの相棒との付き合いを重ねていこう。

# 相棒との付き合い方

**2**

# 靴磨きの理由とその仕組み

動物の皮を植物タンニンやクロムなどの溶剤でなめしてから、加工、着色などをしてつくられた革。天然素材で、適度な水分や油分を含んでいるが、使っているうちに乾燥し、劣化が進んでいく。それを蘇らせるのが靴磨きだ。これから紹介する"基本の磨き"は、ブラッシング、クリーナーでの拭き取り、乳化性クリームの塗布、油性ワックスを用いての磨き、という流れからなる。クリーム塗布までは革をよりよく保つための「シューケア」、ワックスによる磨きは外観をよく見せるための「シューシャイン」と、2つの工程に分けられる。まず靴を購入した新品の状態で一度行って革をやわらかくしておけば、後のしわの入り方などが違ってくる。しばらく履いていない靴も乾燥が進むので、半年に一度くらい行うとよい。

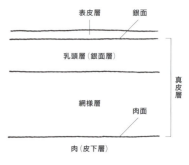

革は、動物の皮の真皮層を加工してつくられる。スムースレザーやガラス革などは銀面を表に、スエードなどは肉面を表に、それぞれの加工をして使う。

## 靴を続けて履いていると…

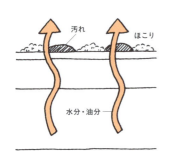

**before**

手入れをしないと革の内部から水分や油分が抜け、乾燥が進んでいく。乾燥はしわやひび割れの原因となる。また、表面にたまったほこりや汚れは、美観を損ねるだけでなく、放っておくとカビの原因にもなる。

## 正しい手入れをすると…

**after**

表面の汚れを落とし、乳化性クリームや油性ワックスを使った手入れを行えば、クリームによって革に必要な栄養分が補給され、ワックスでつくった塗膜が雨など水の浸透を防ぎ、汚れやほこりを落としやすくする。

## 〈 ケア&シャインの仕組み 〉

**1. ブラッシングでほこりを落とす**

表面についたほこりは、ブラシではらい落とす。手入れ不足の靴はほこりでくすんでいるので、これだけでもきれいになる。靴を履いたら毎回、必ず行いたいケア。

**2. クリーナーで汚れを落とす**

表面についた汚れや、古いクリームやワックスは、クリーナーで拭き取って落とす。これをすることで汚れを落とすとともに、次の工程であるクリームの浸透もよくなる。

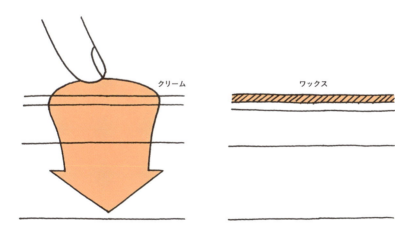

**3. クリームで水分・油分を補う**

革から失われてしまった水分、油分を補うのが乳化性クリーム。指に取って塗っていくと、革に浸透していくのがわかる。革を長持ちさせるのに欠かせない工程だ。

**4. ワックスでコーティングする**

スキンケア後のメイクにあたる油性ワックス。ロウと油分が主成分で、表面に塗り、磨きこむことでできる塗膜が靴を保護し、美しい光沢が靴をカッコよく見せる。

# "基本の磨き"を習得しよう

いかに靴にとって手入れが大事かを理解したら、次は実践あるのみ。必要な道具を用意して、靴磨きを始めてみよう。用意するのは、右ページの道具。それぞれの詳細は以降のページを参考に。すでに手元にいくつかの道具がある人は、もちろんそれを使えばよい。磨き布は、毛足の短い生地と毛足の長いネル生地の2タイプ、コットン100%のものを用意しよう。また、使いかけのブラシにはすでにクリームの色がついているはずなので、違う色の靴に使わないように気をつけること。靴磨きに使うクリームやワックスは油分を含み、色もついているので、万が一に備えて汚れてもいい場所で、汚れてもいい格好で行うのが基本。磨いている最中も靴の様子がよくわかるよう、明るい場所で行おう。

## 知っておくと便利な靴のパーツ名

**❶ アッパー**
靴本体のソール（靴底）以外の総称。

**❷ ヒール（かかと）**
牛革やゴムなどで構成され、高さは靴により異なる。摩耗するため、定期的に張り替えるべきパーツのひとつ。

**❸ 羽根**
紐靴の紐が取りつけられるパーツ。つま先側の革の下に潜る「内羽根式」と外側に付く「外羽根式」がある。別名レースステイ。

**❹ タン**
ベロとも呼ばれる靴のアッパー部のパーツで、羽根の内側にある。足の甲を包むとともに、ほこり除けなどの機能もある。

**❺ コバ**
靴を上から見たときに周囲にあるソールの縁をコバという。本体を縫い付ける部分でもあり、幅は靴によって異なる。

**❻ トゥ（つま先）**
つま先のことを指し、補強のためなど別革で覆われている場合は、そのパーツをトゥキャップと呼ぶ。

**❼ ソール**
靴底のこと。足に触れるインソール、地面に接するアウトソール、その中間のミッドソール（ない靴もある）といった層で構成される。

**❽ ライニング**
アッパーの裏側に取りつけられる裏地。

# 靴磨きを始める前にアドバイス

## ○場所

玄関でする人が多いと思うが、暗いと靴の様子がわかりにくいので、玄関が暗い場合は移動して、明るい場所で行ったほうがベター。ほこりやカビが飛んだり、床や壁にクリーム類がついてしまうこともあるので、汚れてもよい場所で行うか、新聞紙などを広げておくと安心。

## ○格好

特に決まった格好はないが、汚れてもいい服装で行うべき。いくら気をつけていても、クリーム類で服を汚してしまうこともある。胸元と手首まわりは特に汚れやすいので、エプロンをしたり、靴磨き用の汚れてもいいシャツを着るなどの工夫を。袖はまくるか、腕カバーをするとよい。

## ○姿勢

床やかまちに座って、靴を手にもってするのが靴磨きのイメージ。それでもテーブルや小さなスツールなど、作業台となるスペースがあったほうがよい。1時間ほどかかるので、床座りなど低い姿勢でいるよりも、腰掛けられる場所で、楽な姿勢で行うのがおすすめだ。

## ○"基本の磨き"必須の道具

シューツリー

馬毛ブラシ

豚毛ブラシ

乳化性クリーム

布(毛足の短いもの)

クリーナー

油性ワックス

布(ネル生地)

> 基本の磨き（シューケア）

# 1 紐やバックルを外す

隅々までしっかり磨けるよう、お手入れの前には紐やバックルを外しておこう。
紐は、あとで通し方がわからなくならないように写真を撮っておくと安心だ。
靴の中をアルコール綿や除菌ウエットシートで拭き取ってから、
靴に合ったシューツリーを入れて、磨きの準備は完了だ。

## 手順の詳細と注意点

### 内羽根式の靴は
### 紐を最後まで外さない

紐靴の羽根には、内・外のタイプがある。羽根部分のつま先側が閉じている内羽根タイプ（写真左）は、靴を傷めるおそれがあるためつま先側のひと穴は紐を外さず、靴の内側に入れておく。外羽根タイプ（写真右）はすべて外してOK。

### シューツリーを
### 入れる

靴の型くずれを防いでくれるシューツリー（シューキーパー）は、靴を大切に、長く履くための大切な道具。靴磨きのときにも入れておくと、型を保ってくれるので磨きやすい。靴の型に合ったものを選ぶことが大切だ。

## 使用する道具／シューツリー

### Brift H オリジナル
### シューツリー

靴の型くずれ、履きじわの防止に欠かせないシューツリー。Brift H オリジナルは、どんな足型にも合わせやすく、無塗装なので吸湿性も期待できる。写真のブラウンのほか、ナチュラルカラーもある。

### コロニル／アロマ
### ティックシーダー
### シュートゥリー

防虫効果、吸湿効果があり、香りのよいアロマティックシーダーのシューツリー。メンズ、レディース合わせて全5サイズから、ぴったりのサイズを選ぶことができる。

## 2　ほこりを落とす

ほこりをはらうには、毛のしなやかな馬毛ブラシがおすすめだ。
靴の細部まで毛が行き届くよう、ブラシは毛足の長いものを選んで、
隅々までていねいに、ブラシを往復させながらブラッシング。
同時にキズや割れ、ひどい汚れなどをチェックしておこう。

## 手順の詳細と注意点

### 細部のほこりも
### しっかり落とす

紐を外した羽根の内側や土踏まずの周辺は、ほこりがたまりやすい箇所。目で見ても、特に汚れているのがわかるはず。ブラシの毛足を使って、ほこりをかき出すように、念入りにブラッシングする。

## 使用する道具／馬毛ブラシ

**Brift H
オリジナル馬毛ブラシ**

持ち手をBrift H仕様にアレンジした、ブラシの老舗、江戸屋の手植ブラシ。適度な張りと長い毛足が、ほこりをスムーズに落とすのに最適。スエード素材の靴の日々のメンテナンスにも向く、ぜひ持っていたいブラシ。

**コロンブス
ジャーマンブラシ2（馬毛）**

1919年創業の日本を代表する靴用品メーカーのブラシ。ドイツ製の馬毛を使用した小さめサイズ。反ったハンドルとやわらかな毛で、ブラッシングしやすい。

**平野ブラシ×
M.モゥブレィ
靴用ブラシ馬毛**

国内の老舗、平野ブラシとM.モゥブレィがコラボレーションしたブラシ。厳選された馬毛とブラッシングしやすいデザイン。

# 3 クリーナーで拭き取る

汚れや古いクリーム、ワックス類を取り除くのがクリーナーの役割。
まずは表面をすっきりさせることで、あとの工程が生きてくる。
指に布を巻いたら、少し力を入れて円を描くように拭いていこう。
革につやがなくなればOK。拭き取りすぎると革が荒れるので注意して。

## 手順の詳細と注意点

### 覚えておくべき布の巻き方

布はシャツなど毛足の短いものを幅7〜8cm×長さ60cmほどにカットしたものを使用。①利き手（写真は右）の人差し指と中指に布を掛け下側をつまむ。②布を掛けた手を手前に返し、布を絞るようにする。③手の甲側に絞った布をまとめる。④余った部分を手の中に握れば完了。布に取る1回分のクリーナーの量は100円玉サイズくらい。

### 4回に分けて磨く

靴全体を前後左右に4分割し、布に取ったクリーナー1回分で1カ所、布をきれいな部分に巻きかえてもう1回、と、合わせて4回に分けて拭き取る。拭き取りすぎは革が荒れてしまうので、この程度で十分だ。

## 使用する道具／クリーナー

**Brift H オリジナル THE CLEANER**

靴をはじめとするレザー製品全般に使うことができるソフトタイプのオリジナルクリーナー。布に含ませ拭き取れば、汚れを浮かして効率的に落とすことができる。靴磨き上級者向けに、より強力なストロングタイプもラインナップ。

**サフィール ユニバーサルレザーローション**

ビーズワックスベースのマイルドなスムースレザー用ローション。汚れを落としながら、革に栄養分と柔軟性も与え、乾燥やひび割れを防ぐ。

**ブートブラック シルバーライン レザーローション**

表面の汚れや浸透した古いクリームを落としながら、革につやを与えクリームがのりやすい下地をつくる。雨しみにも効果的。カビ止め剤入り。

# 4　クリームを塗る

乳化性クリームを塗って、革に栄養を与え、やわらかくしてやろう。
靴と同色のクリームを少量指に取り、一本指で、
革の中に浸透させるように、少し力を入れながら塗っていく。
クリームが革に吸収されて伸びなくなったら、次のクリームを指に取る合図だ。

## 手順の詳細と注意点

### 指かブラシか、塗り方はお好みで

乳化性クリームは、素手で塗るのが浸透具合がわかりやすく、力加減も適しているが、指が汚れてしまうのが難点。気になる人は、ゴム手袋を着用しても指にラップを巻いてもいいし、クリーム用の小さな豚毛ブラシを使ってもいい。

### クリームを塗る箇所

靴全体に塗りこむが、特にしっかり塗るのは、足の甲の履きじわの出る部分やキズのある部分。さらにコバにもクリームを塗っておく。タンの内側には塗らないこと。これは、靴の元の色をいつまでも残し、確認するための工夫だ。

## 使用する道具／乳化性クリーム

**Brift H オリジナル THE CREAM**

何万足もの靴を磨いた経験から生まれたクリーム。革の寿命を伸ばし靴に上品な光沢としなやかさを与える。化粧品会社との共同開発により、人の肌に塗っても問題ない成分でつくられている。ブラウン系、モノトーン系ほか全8色。

**サフィールノワール クレム1925**

蜜ロウ、カルバナワックスなどの厳選素材に加え、シアバターも配合。こちらは油性だが、使い勝手は乳化性のものと遜色ない。全13色。

**コロニル 1909 シュプリーム クリームデラックス**

浸透力の高いクリームが、革に栄養を与え、柔軟性を高め、深みのあるつやを出す。補色効果も高い。全7色。

## 5 クリームをなじませる

乳化性クリームを革にしっかり浸透させるため、豚毛のブラシをかける。
靴の形に沿って、クリームをなじませるように強めの力で全体をブラッシング。
履きじわ、コバのすき間は特に念入りになじませて。
豚毛は硬さがあるため、クリームを塗りこむのに適している。

## 手順の詳細と注意点

### すき間にも
### しっかり入れこむ

汚れがたまりやすく、キズもつきやすいコバとその周辺にも忘れずにしっかりクリームを入れる。指では塗りきれなかった部分もブラシを使えば、細部までなじませることができる。このひと手間で仕上がりに違いが出る。

### 履きじわには
### 特に念入りに塗りこむ

人の肌と同じで、革も乾燥が進むとしわができてしまう。履きじわには、特にしっかりとクリームを浸透させたいので、しわに沿って力強く、すばやくブラッシング。革を、よりしっとりさせることで、しわを軽減することができる。

## 使用する道具／豚毛ブラシ

**Brift H**
**オリジナル豚毛ブラシ**

江戸時代から約300年続くハケ、ブラシの専門店、江戸屋の手植えブラシのBrift H仕様。張りのある豚毛は、乳化性クリームをガシガシ塗りこむのに適している。毛にクリームの色がつくので、靴の色ごとにそろえておくといい。

**DASCO**
**ブリストルブラシ**

イギリスのシューケア用品メーカーDASCO社の豚毛ブリストルブラシ。コシのある毛足と小さめサイズが使いやすい。毛色は白・黒の2色から選べる。

**平野ブラシ×**
**M.モゥブレィ**
**靴用ブラシ豚毛**

ゆるくカーブのついた持ち手が、ブラッシングに適度な力を入れやすく、効率よくクリームをなじませられる。

# 6　余分なクリームを拭き取る

表面に残った余分な乳化性クリームを拭き取れば、シューケアの工程は完了。
残ったクリームを落とすように、常に布のきれいな面ですっかり拭き取ろう。
この段階で、靴には美しいつやが蘇っているはず。
月1回の頻度で、シューケアの工程を行うと靴は格段に長持ちするのだ。

### 手順の詳細と注意点

### このくらいの量が拭き取れる

クリーナーの工程（P.25）と同じ方法で指に布を巻き、靴の表面を軽く拭く。3～4回、布を巻きかえて、常にきれいな面で全体を拭き取ればOK。塗り～ブラッシングをきちんとしていても、このくらいの余分なクリームが拭き取れる。

### 使用する道具

### 毛足の短い布

不要になったシャツやシーツなど毛羽立ちのないコットン生地を靴磨きにリサイクル。幅7～8㎝×長さ60㎝にカットしたものを何枚も用意しておくと便利だ。

シューケアはこれで終了！ 続いてシューシャインへ。

> 基本の磨き（シューシャイン）

# 7 ワックスを塗る

ここからは、靴をよりカッコよく見せるためのシューシャインの工程。
「鏡面磨き」は靴を鏡のように美しく光らせるとっておきのテクニックだ。
その方法は、意外と簡単で特別な道具も不要。ぜひ挑戦してほしい。
まずは油性ワックスを指に取り、靴の光らせたい部分に円を描くように塗る。

## 手順の詳細と注意点

### ワックスの準備と手に取る適量

油性ワックスの役割は表面保護と防水性。購入したら、ふたを開けたまま1週間ほど放置して有機溶剤を揮発させてから使う（右写真。左が乾燥後）。表面をさっとなでる程度の量を指に取り（ラップ、ブラシも可）、その分量が伸びる範囲に力を入れずに、のせるようにして塗る。

### ワックスを塗る箇所

油性ワックスを塗るのは、つま先（履きじわの終わる部分まで）、かかと、つま先とかかとをつなぐサイドの部分。革が曲がらない芯の入っている部分と考えるとわかりやすい。靴の通気性を損ねないためにも、キズがつきやすいこれらの箇所に塗れば十分だ。

## 使用する道具／油性ワックス

**Brift H オリジナル THE WAX**

「世界一光るワックス」を目指して、日本最古の油性靴クリーム工場でオリジナルブレンドした商品。ロウ分が非常に高いため、購入後は上で紹介した有機溶剤を揮発させる工程を踏まなくても、そのまま使うことができる。

**KIWI パレードグロス プレステージ**

世界中で愛されるKIWIブランド。鏡面磨きにおすすめの、初めての人にも使いやすい油性ワックス。ワックスで仕上げた面は、濡れや汚れから革を守りながら、美しいつやが持続する。

**サフィールノワール ビーズワックス ポリッシュ**

ポリッシュ伝統的なレシピでつくられた、高級カルナバワックスと蜜ロウベースのつや出しワックス。ロウが多く含まれ、磨くほどに深みのあるつやが出る。全8色。

## 8 水をつけて磨く

まるで魔法のように、靴をピカピカに輝かせるのに欠かせないのが、水。
油性ワックスを塗った上に水をたらして、濡らしたネルの磨き布で続けて
磨いていると、ワックスが膜になった感覚が伝わってくる。
布は、常に濡れている状態を保つのが大事なポイントだ。

## 手順の詳細と注意点

### 磨きに使う水は
### 1回につき2滴

油性ワックスをのせた上に、水をたらす。1カ所、1回につき2滴が適当。P.25の方法で指に巻いたネル生地は5滴ほどの水で濡らして、ワックスを取り除かないよう、ATMのボタンを押すくらいの軽いタッチで磨く。

### ソールまわりも
### 水磨き

かかとやサイドに塗ったワックスは、水をつけて磨くときに、そのままヒールやソールまわりにまで伸ばして磨く。輝きに一体感が出るとともに、表面の防水、保護にもなる。ゴム底の場合は、ヒール、ソールは除いて磨く。

---

### 使用する道具／ネル地の磨き布

**Brift H オリジナル 磨き布**

鏡面磨き用のコットン100％のネル生地。指に巻いて磨きやすいサイズ（長さ50cm×幅8cm）にカットされた、Brift Hオリジナル。ワックスを使った磨きには欠かせない布なので何枚か用意しておこう。

**M.モゥブレィ ポリッシングコットン**

油性ワックスの仕上げやパテントレザーのから拭きに最適な、起毛タイプのソフトコットン製クロス。生地カラーがベージュなので、白など薄い色の靴にも色移りを気にせず使いやすい。

# 9 磨きを繰り返す

油性ワックスと水を使った鏡面磨きは、やればやるほどつやが出る。
ワックスを塗る、水をたらして磨く、再びワックスを塗る、水で磨く……と、
好みのつやが出るまで、何度でも繰り返そう。
革の種類や状態にもよるが、その回数は1ヵ所につき10〜30回が目安。

## 手順の詳細と注意点

### 前後をつなぐ、サイドの磨き

鏡面磨きをするのは、つま先、かかとの2カ所。加えて、つま先とかかとの輝きをつなぐようにコバの少し上のサイドの部分まで磨いておくと、つやにつながりが生まれ、自然な立体感のある仕上がりになる。

### ワックス → 水
### → 磨きの流れ

①油性ワックスを塗り水で1回磨いた状態。②再びワックスを塗り、水を2滴たらして磨く。③繰り返すごとにつやが増してきた。10〜30回を目安に好みのつやになるまでこの工程を繰り返す。

### 使用する道具

**ハンドラップ**

カメラレンズ磨きなどで揮発性の液体を入れ、少量ずつ出して使う道具。Brift Hでは、これに水を入れて、ワックス面にたらしたり、布を濡らしたりするのに使っている。

## 10 最後は水だけで磨く

磨きを繰り返し、満足のいくつやになったら、最後に水だけで仕上げの磨き。
鏡面磨きは、つやを出して靴をカッコよく見せるだけでなく、
ワックスの膜が水を染みにくくするという機能面での効果もある。
靴の中で最も酷使されている靴底も、この機会にケアしておこう。

## 手順の詳細と注意点

### 布に水を含ませて磨く

好みのつやになったら、布をきれいな面に巻きかえ、水を含ませて仕上げの磨き。包丁を研ぐようなイメージで、シャッシャッっと縦方向に磨き上げるのがベター。少し難しいが、美しい仕上がりを目指してチャレンジしてみよう。

### 靴底のケアも忘れずに

ふだんは気にもかけない靴底も、この機会にきちんとケア。ソール用のオイルを塗るとソールがやわらかくなり、歩きやすい靴になる。レザーソールは本体同様、乾燥するとひび割れしてくるので2～3カ月に一度塗るのがおすすめ。

## 使用する道具／ソールオイル

**Brift H ザ ソールオイル**

植物油と酢を配合し、石油系成分を一切含まないソール用オイル。植物油がレザーソールに適度なしなやかさを与え、酢の抗菌作用でカビを生えにくくする。塗りすぎるとやわらかくなりすぎるので、2～3カ月に一度の使用がおすすめ。

**タピール レザーソールオイル**

天然素材だけでつくられるタピールの皮革ケア製品。浸透し靴底の耐久性を高めるソールオイルは亜麻仁油、オレンジオイル、酢を原材料とする。

**Brift Hオリジナル ソールオイル用スポンジ**

ソールオイルを塗るためのハンドルつきのスポンジ。広いスポンジ面にオイルを含ませたら、サーッとソールをなでるだけ。使用後の洗浄は不要。

これで完了!

## "基本の磨き"をおさらいしよう

シューケア／所要時間20〜30分

紐やバックルを外す

ほこりを落とす

クリーナーで拭き取る

クリームを塗る

シューシャイン／所要時間20〜30分

クリームをなじませる

余分なクリームを拭き取る

ワックスを塗る

水をつけて磨く

磨きを繰り返す

最後は水だけで磨く

シューケアから
シューシャインまで
通しで行った際の
所要時間
**40〜60分**
月に1回に行うとよい

基本の磨きの流れは覚えられただろうか？　作業自体は難しいものではないので、それぞれの工程でのコツさえわかれば、思ったよりも簡単にできるはず。ポイントは「この作業では何をしているのか？」を知ること。汚れを落として、水分・油分を与えて、コーティングする……という流れを頭に入れておけば、スムーズに作業できるはず。はじめのうちは、時間に余裕のあるときに本を見ながら行えばいいし、あれ？と思ったら本を見直せばいい。この、基本の磨きは、スムースレザーの手入れ法だが、多くのタイプの革靴に応用がきくもの。革の種類によって少し変わる部分もあるので、それぞれの方法は、P.44から詳しく解説している。エナメルと起毛素材の靴の手入れは、まったく異なるので該当ページを参照のこと。

# 基本の磨き
# Q & A

### Q1
「買ってから一度も
磨いていない靴があります。
初めて磨くときに注意点は?」
↓

A1) 革の乾燥がひどくなっていると思われます。汚れ落としの際に、クリーナーがムラにならないようにすばやく行ってください。このとき、しみなどが浮き出してくる可能性がありますが、そこは気にせず磨きつづけて大丈夫です。革の乾燥を補うため、乳化性クリームは通常よりもたっぷり塗って、しっかり保湿してあげてください。クリームをグングン吸いこむはずです。

### Q2
「オイルドレザーなど、
つやのない革の靴にワックスは
塗ったほうがいいのでしょうか?」
↓

A2) 塗っても塗らなくてもお好みで。オイルドレザーらしさを楽しむならワックスは塗らなくてもよいのですが、少し光沢を出したり防水性を高めたいのであればワックスを塗ってもよいと思います。

### Q3
「光らせるべき靴、光らせない
ほうがいい靴を教えてください」
↓

A3) フォーマルな靴=光らせるべき。カジュアルな靴=あまり光らせない。ざっくり分けるとこんな感じですが、決まりがあるわけではなく、好みや職業などにもよって変わってくるので一概にはいえません。磨く靴をどのような格好やシチュエーションで履くのか、また光っているほうが格好よく見えるのか?といった点を考えながら仕上げましょう。

### Q4
「バックルなどの金具部分の
手入れは、どうする?」
↓

A4) ふだんはから拭きをするだけで十分です。光沢が失われ、くすみが気になるならば、金属磨き用の粉やクロスで磨くと、輝きを取り戻せます。クレンザーなどの研磨剤も有効です。

### Q5
「靴磨きに使った布は、
洗ってまた使えますか?」
↓

A5) から拭きなどに使用する布は、洗って使いつづけることもできますが、洗う手間を考えると不要になったシャツやシーツを用いて使い捨てにするほうが楽かもしれません。鏡面磨きに使用するネル生地は毛羽立ってくると磨きにくくなるので使い捨てをおすすめします。

### Q6
「馬毛、豚毛のブラシにも、
手入れが必要?」
↓

A6) 特に必要ありません。ただし豚毛ブラシは、クリームがたくさんついたままで放置すると、クリームが固まって毛がごわごわになり、磨きにくくなってしまいます。クリームのつけすぎには注意し、磨き終えて、ブラシにクリームが残りすぎているようなら新聞紙などで拭ってから片づけるとよいでしょう。

### Q7
「ワックスと水を使っても、
なかなかいい感じに光らない…」
↓

A7) 鏡面磨きに必須のものとして、①やわらかいコットン100%の布、②乾燥させたワックス、③なじませる指のテクニックの3点があります。③は徐々に慣れるしかありませんが、①と②がないと、残念ながらどんなにがんばっても光りません。まず道

具の確認をして、それがクリアできていれば③の指の力加減や指使いなどをいろいろ試してみましょう。そうしているうちに、必ず光ってくる瞬間があるはずです。

## Q8
「靴の内側の革も
お手入れが必要ですか？」
↓

**A8**）基本の磨きで行っているように、靴の内側はアルコールで拭くだけで十分です。ただ足に大量の汗をかく人は、汗の成分で内側の革が硬くなってしまうので、ときどき栄養クリームを塗ってやわらかくするとよいでしょう。

## Q9
「ワックスを乾燥させてから
使うのはなぜ？」
↓

**A9**）新品の状態だとワックスの中の有機溶剤が多いためにトロトロして革の表面に膜になりにくいのです。ふたを開けて1週間ほど乾燥させると有機溶剤が揮発してワックスが固くなり膜になりやすい状態になります。

## Q10
「靴紐が薄汚れてきました」
↓

**A10**）革靴に使われているような細い丸紐や平紐は、洗ってしまうと劣化が進行してしまうので、汚れや傷みが目立つようになったら、この機会に新調しましょう。スニーカーなどの布製の紐であれば、洗剤で洗えばきれいになります。

## Q11
「靴のケア用品の使用期限は？」
↓

**A11**）ほとんどの場合、使用期限は設けられていませんが、ケア用品によっては何年も経つと、含まれる成分が変質して使えなくなってしまうものもあります。乳化性クリームは何年も経って乾燥してしまうと固くなり、革への浸透が悪く、拭き取りもしにくくなってしまいます。感触が明らかに変わった、分離がひどく混ざらない、変色したなどと

いうときは、新しいものを購入しましょう。

## Q12
「革靴は水洗いできますか？」
↓

**A12**）水で洗うことで通常の靴磨きでは取り除くことができない、革の内部にたまった汗の塩分なども抜くことができます。ただし水で濡らすというのは革にとってはリスクにもなり、しみや革が硬くなってしまうこともあります。革の種類や状態を見極めないと痛い目をみるかもしれません。

## Q13
「クリームが浸透せず、
表面にベタベタ
残ってしまいます」
↓

**A13**）おそらくクリームが浸透しないタイプの革である可能性が高いです。合皮やガラス革などはクリームが浸透せず表面に残ってしまうので、もしも塗ってしまったときは、乾いた布でしっかり拭き取りましょう。

## Q14
「鏡面磨きに使うネル地の
布の代わりに古タオルを
使ってもいいですか？」
↓

**A14**）おすすめできません。タオルのように毛足が長い生地は、抜けた繊維がワックスに絡んでムラになってしまうおそれがあるのと、そもそも鏡面磨きには向いていません。もし使うとしたら汚れ落とし、から拭き用に。

## Q15
「プラスチックの
シューキーパーでも使えますか？」
↓

**A15**）プラスチック製でも問題ありません。ただしバネを折り曲げて入れる安価なタイプは型崩れの元になるので絶対使わないで！ やはり、靴の余分な湿気を吸ってくれる、本物の木でできた「シューツリー」を使うのがベストです。

> アレンジ磨き①

# スムースレザー（薄い色）

薄い色のスムースレザーの靴の手入れは、流れは基本の磨きと同じだけれど、少しだけ注意が必要。色が薄いぶん水分やクリーナー類がしみになりやすく、乳化性クリームや油性ワックスの色選びも、濃い色よりもちょっと難しい。コツは、クリーナー、クリームともに手早くササッと作業すること！

--- 基本の磨きと異なる点 ---

**クリーナー、クリームはすばやく塗る**…のんびりしているとしみになってしまう。
**豚毛ブラシは薄い色用を用意**…黒色用と兼用してしまうと色が混ざって汚くなってしまう。

## 1　紐、バックルを外す

紐やバックルを外しておく。靴の中をアルコール綿や除菌ウエットシートで拭き取ってから、靴に合ったシューツリーを入れる。

## 2　ほこりを落とす

馬毛ブラシで全体にブラシをかけてほこりを落とす。靴の細部まで毛が行き届くよう、ブラシは毛足の長いものを使用。隅々までていねいに、ほこりのたまりやすい羽根の内側、土踏まず、コバの周辺は、特に念入りにブラッシングする。

## 3　クリーナーで拭き取る

基本の磨き（P.24）と同様に、クリーナーで古いクリームやワックス、汚れを拭き取るが、ここはとにかくすばやく行うこと。1回に布に取るクリーナーの量も気持ち少なめに。

その代わり基本よりも拭き取り回数を増やし、スピーディーに。

POINT：拭き取りはすばやく

## 4 クリームを塗る

乳化性クリームの塗り方も基本（P.26）と同様の方法で、こちらもすばやく行う。色つきクリームは、瓶に入った状態で靴と同じ色を選ぶのは難しく、プロに相談するのが一番だが、迷った場合や同じ色がない場合は、少し薄めの色を選ぶとよい。

茶色といってもいろいろな色がある。迷ったら薄めを選ぶ。

POINT：色の選び方

## 5 クリームをなじませる

豚毛ブラシでクリームをなじませる（P.28参照）。ここで違う色の靴（特に濃い色）に使ったブラシを使ってしまうと、残ったクリームが混ざってしまうので、クリームをなじませる豚毛ブラシは、靴色に合わせて、数種類そろえておくとよい。

ブラシにはクリームが残るので、靴色に合わせてそろえる。

POINT：ブラシは靴色で使い分ける

## 6 余分なクリームを拭き取る

豚毛ブラシをかけてクリームをしっかりなじませたら、表面に残ったクリームを落とすように、常に布のきれいな面ですっかり拭き取る。

## 7 ワックス＋水で鏡面磨き

基本の磨きと同様の手順（P.32～38）で、つま先、かかと、前後をつなぐサイドを油性ワックスと水で鏡面磨き。ワックスも、靴色と同色、または少し薄い色を選ぶ。好みのつやが出るまで磨いたら、最後は水を含ませた布で仕上げて完了。靴底のケアもしておこう。

> アレンジ磨き②

# ガラス革

合成樹脂などでコーティングしたつやのある革。汚れやキズ、雨じみがつきにくく、雨の日用にも適している。コーティングがされているぶんだけ、革の風合いや柔軟性には欠ける。乳化性クリームが浸透しないので栄養分が補給しづらいが、それでも一定期間は美しさを持続できるのがいい点だ。

---

**基本の磨きと異なる点**

**クリームは塗らない**…表面のコーティングで乳化性クリームが浸透しないので塗らない。
**ワックスは全体に塗る**…コーティングのつやを増すため油性ワックスはブラシで靴全体に塗る。

---

## 1 紐、バックルを外す

紐やバックルを外しておく。靴の中をアルコール綿や除菌ウエットシートで拭き取ってから、靴に合ったシューツリーを入れる。

## 2 ほこりを落とす

馬毛ブラシで全体にブラシをかけてほこりを落とす。靴の細部まで毛が行き届くよう、ブラシは毛足の長いものを使用。隅々までていねいに、ほこりのたまりやすい羽根の内側、土踏まず、コバの周辺は、特に念入りにブラッシングする。

## 3 クリーナーで拭き取る

基本の磨き（P.24）と同様に、クリーナーで古いクリームやワックス、汚れを拭き取る。コーティングによるつやがあるので、スムースレザーのときのようにつやは失われないが、ガラス革の場合は、それでOK。拭き取りすぎないように注意。

## 4 ワックスを塗る

乳化性クリーム塗る工程を省いて、油性ワックスは豚毛ブラシを使って塗る。ブラシに下写真くらいの分量をとり、これで一足すべてに行き渡らせる。基本の磨きではつま先、かかと、サイドのみだったが、ガラス革では靴全体にワックスを、薄く塗り広げる。ブラシはワックス専用のものを用意する。

POINT：クリームは塗らない

ブラシでワックスの表面を軽くなで、この量で一足分。

## 5 水をつけて磨く

ワックスを塗り終えたら、水を1カ所につき2〜3滴たらし、指に巻いた布で磨く。足の甲とかかとでそれぞれ1カ所、サイドは左右前後で分割して計4カ所とする。力加減はATMのボタンを押すくらいの軽さ。ここではネル生地ではなく、毛足の短い布を濡らさずに使う。

POINT：毛足の短い布を使う！

## 6 曇りが消えたら完了

スムースレザーでは何度も繰り返した、油性ワックス＋水を使った鏡面磨きだが、ガラス革には元々つやがあるので、ワックスを塗ったときの曇りが消えれば、そこで完了。ガラス革は、手入れが手軽で扱いやすい。

> アレンジ磨き③

# コードバン

馬の臀部の皮の裏面を削って露出させた芯の部分がコードバン。やわらかく、牛革にはない独特の質感、光沢が魅力で、履きじわの出方も美しい。繊維をしっかり寝かせているので、見た目にはつやのある状態だが、履きこんでいくと表面が毛羽立ちやすい。手入れでは毛羽立ちも直そう。

---

**基本の磨きと異なる点**

**クリーナーで拭きすぎない**…ゴシゴシこするのは毛羽立ちの原因に。回数は少なめに行う。
**毛羽立ちを押さえる**…履きじわの部分などにできてしまった毛羽立ちを丸棒で押さえる。

---

## 1 紐、バックルを外す

紐やバックルを外しておく。靴の中をアルコール綿や除菌ウエットシートで拭き取ってから、靴に合ったシューツリーを入れる。

## 2 ほこりを落とす

馬毛ブラシで全体にブラシをかけてほこりを落とす。靴の細部まで毛が行き届くよう、ブラシは毛足の長いものを使用。隅々までていねいに、ほこりのたまりやすい羽根の内側、土踏まず、コバの周辺は、特に念入りにブラッシングする。

## 3 クリーナーで拭き取る

基本の磨き（P.24）と同様に、クリーナーで古いクリームやワックス、汚れを拭き取る。コードバンは毛羽立ちやすい革なので、拭きすぎないこと。スムースレザーよりもサラッと、2〜3回で拭き終えるようにする。

## 4 毛羽立ちを押さえる

コードバンは、履きじわの部分に毛羽が立ちやすい。手入れの際は毛羽立ちのケアも行う。ボールペンなどツルツルした丸棒を使い、棒の曲面で毛羽立ちを寝かせるようにこする。力を入れすぎないように注意して！

コードバンは革の芯の部分を使っているので、しわの部分などが毛羽立ちやすい。

## 5 クリームを塗る

乳化性クリームを基本（P.26）と同様の方法で塗る。靴と同色のクリームを使い靴全体にクリームを塗り、毛羽を押さえた履きじわの部分はやさしく、ていねいに塗りこむ。強くこすってしまうとまた毛羽立ってしまうので気をつけて。

## 6 クリームをなじませる

豚毛ブラシをかけて、クリームをしっかりなじませる。履きじわ、コバのすき間は念入りに。

## 7 余分なクリームを拭き取る

表面に残ったクリームを落とすように、常に布のきれいな面ですっかり拭き取る。

## 8 ワックス＋水で鏡面磨き

基本の磨きと同様に（P.32～38）油性ワックスと水で鏡面磨き。履きじわは、毛羽を押さえるようにていねいにワックスを塗る。コードバンは水が染みやすいので1カ所に1滴。水をたらしたらすばやくネル生地で磨き、染みるのを防ぐ。

POINT：履きじわは特に念入りに

> アレンジ磨き④

# エキゾチックレザー

は虫類や鳥類、魚類の革は、独特すぎるほどの表情が最大の特徴。クロコダイルやアリーゲーター（ワニ）、リザード（トカゲ）、オーストリッチ（ダチョウ）、シャークスキン（サメ）などの種類がある。写真のアリゲーターのように丸や四角の模様（符）がある場合、溝の部分にしわや亀裂が出やすい。

---
**基本の磨きと異なる点**

**模様に注意**…鱗や突起など、独特の模様の間にほこりや汚れがたまりやすく、ひび割れもしやすいので、ブラッシングをていねいに行い、クリームをしっかり塗りこむ。

---

## 1 紐、バックルを外す

紐やバックルを外しておく。靴の中をアルコール綿や除菌ウエットシートで拭き取ってから、靴に合ったシューツリーを入れる。

## 2 ほこりを落とす

馬毛ブラシで全体にブラシをかけてほこりを落とす。靴の細部まで毛が行き届くよう、ブラシは毛足の長いものを使用し、符のしわの部分に毛足が届くよう、目に沿うようにブラッシング。ほこりのたまりやすい羽根の内側、土踏まず、コバの周辺も念入りに行う。

## 3 クリーナーで拭き取る

基本の磨き（P.24）と同様に、クリーナーで古いクリームやワックス、汚れを拭き取る。ヘビ革など鱗のある革では、鱗を逆立てないよう目に沿って一方向に拭くとよい。

## 4 クリームを塗る

乳化性クリームを基本（P.26）と同様の方法で塗る。靴と同色のクリームを選び、符のしわの間にもきちんとクリームが入るように目に沿ってしっかり塗る。ひび割れが出ている部分には、特に多めにクリームを塗って、しっとりさせ、割れの広がりを防ぐ。

符のしわの間に出やすい割れには、多めにクリームを塗る。

POINT：ひび割れにしっかり塗る

## 5 クリームをなじませる

豚毛ブラシでクリームをなじませる（P.28）。ここでも、模様の符のしわの間にきちんとクリームが入るように、ブラシの毛を上手に使って、しっかりなじませる。ほかの革の場合よりも小刻みにブラシを動かすと、符のしわの間まで毛足が入りやすい。

POINT：しわの間に入れこむ

## 6 余分なクリームを拭き取る

豚毛ブラシをかけてクリームをしっかりなじませたら、表面に残ったクリームを落とすように、常に布のきれいな面ですっかり拭き取る。

## 7 ワックス＋水で鏡面磨き

基本の磨きと同様の手順（P.32〜38）で、つま先、かかと、前後をつなぐサイドを油性ワックスと水で鏡面磨き。ワックスも靴色と同色、または少し薄い色を選ぶ。好みのつやが出るまで磨いたら、最後は水を含ませた布で仕上げて完了。靴底のケアもしておこう。

> アレンジ磨き⑤

# パテントレザー

エナメルという名でおなじみの、革の表面を樹脂などの塗装で仕上げた革。特別な手入れをしなくても輝くような光沢があり、水や汚れを弾くため手入れも簡単。拭き取るだけで輝きを保つことができる。ただし、履いているうちに、深いしわや亀裂が入りやすいという面もある。

―― 基本の磨きと異なる点 ――

**クリーム、ワックスは使わない**…表面に塗装がしてあるのでクリームやワックスは使わない。
**汚れはクリーナーと水拭きで落とす**…汚れのつきにくい素材なので、日常のケアはこれで十分。

## 1 紐、バックルを外す

紐やバックルを外しておく。靴の中をアルコール綿や除菌ウエットシートで拭き取ってから、靴に合ったシューツリーを入れる。

## 2 ほこりを落とす

馬毛ブラシで全体にブラシをかけてほこりを落とす。靴の細部まで毛が行き届くよう、ブラシは毛足の長いものを使用。隅々までていねいに、ほこりのたまりやすい羽根の内側、土踏まず、コバの周辺は、特に念入りにブラッシングする。

## 3 クリーナーで拭き取る

基本の磨き（P.24）と同様に、クリーナーで汚れを拭き取る。パテントレザーにはクリームやワックスを使わないので、ここではしっかり汚れを落とすことが目的。汚れの部分は特に念入りに拭く。大抵の汚れはこれで落ちるが、パテントレザーの場合、しみを落とすのは難しい。

## 4 水拭きをする

つやを出すための水拭きをする。P.25の方法で指に毛足の短い布を巻き、水を含ませて靴の表面を拭き取る。汚れが残っていれば、念入りに、キュッキュッと強めに拭いてもよい。

きれいな面に巻きかえ、汚れを落としながら、全体を拭く。

汚れを落としたら、布はきれいな面に巻きかえる。

## 5 から拭きをする

最後は乾いた布に替えて、全体をから拭きする。から拭きは強くこすらず、軽く拭き上げるイメージで。汚れによるくすみが消え、新品のような光沢が戻ってくる。革と樹脂の二重構造のため、深い亀裂が入りやすく、樹脂の融解でべたつきやすいので、温度、湿度の安定した場所に保管するなどの気配りが必要。

---

## こんなことに気づいたら

### 縫い目から糸が飛び出している

パテントレザーの靴に限らず、縫い目がほつれて糸が飛び出してくることがある。見た目に悪く、ほつれも進行しやすいので、糸は根元から1〜2mmを残してカットする。ほつれ留めのため糸の端をライターの火で軽く焼いておくとよい。このとき、革を焦がさないよう注意。縫い目のほつれが大きいときは修理店に持ちこもう。

### 拭いても落ちない汚れがある

落ちない汚れは、何らかの色素をエナメル樹脂が吸いこんでできてしまった、しみ。除去するのは難しいので、保管時には、ほかの靴などに密着しないよう注意すること。扱いやすい半面、構造上、特有のトラブルが起こりやすいパテントレザー。しみやベタつき、ひび割れのトラブルは修復が難しいので予防が大切だ。ベタつき、ひび割れについてはP.59へ。

> アレンジ磨き⑥

# スエード

皮の裏面を起毛させた革で、あたたかみのある風合いが魅力。毛足の長短やきめの粗さなどの違いで表情が変わる。意外に丈夫で雨にも強い革だ。手入れの仕方は、これまでの革とはまったく違うので要チェック。頑固な汚れにはとっておきのケアを行う。同じ起毛素材の革に、ベロアやヌバックがある。

---- 基本の磨きと異なる点 ----

**クリーナー、クリーム、ワックス、すべて使わない**…ブラッシング以外のすべての工程がスムースレザーとは異なる。汚れ落としには、汚れの深さに合わせて専用ブラシや紙やすりを使う。

## 1 紐、バックルを外す

紐やバックルを外しておく。靴の中をアルコール綿や除菌ウエットシートで拭き取ってから、靴に合ったシューツリーを入れる。

## 2 ほこりを落とす

馬毛ブラシで全体にブラシをかけてほこりを落とす。起毛素材は、ほこりがつきやすいので、かき出すようにていねいに。同じ方向に毛並みをそろえるようにしてブラシをかけると汚れが目立って見え、このあとのケアがしやすい。

毛並みを整えて色が違って見える部分は汚れ。ケアでは、この部分を念入りに、汚れを落としていく。

### 3 スエード用ブラシで汚れを落とす

ブラシをかけて目立つ汚れが見つかったら、スエード用のブラシで集中的にブラッシング。毛羽がポロポロと落ちてくるが、同時に汚れも落ちてくるのでご安心を。あまり力を入れすぎず表面をなでる感じで、汚れが落ちたら、5の工程へ進む。

### 4 頑固な汚れに紙やすりをかける

ブラシをかけても落ちない汚れは、紙やすりでこすり落とす。きめの細かい革には280番手、きめが粗めの革なら150番手を使用する。あまり削りすぎると革が薄くなるのでほどほどに。ステッチの部分は避けること。

---

**使用する道具／スエード用ブラシ**

**Brift H オリジナルスエード用ブラシ**

スエード素材専用ブラシ。密に手植えされた極細の金属線が、スエード表面を荒らさず、汚れをしっかり除去するため、高品質のスエード革にも安心して使うことができる。

**コロンブス スエードブラシB**

毛並みを起こして汚れを吸着・除去するゴムブラシと、ほこりをはらい毛並みを整えるナイロンブラシが一体になった、靴磨き初心者にも使いやすいスエード用ブラシ。

**サフィール クレープブラシ**

クレープ状に配された生ゴムでこすることでスエード素材の汚れをしっかり落とす。馬毛ブラシなどでほこりを落としたあとに、このブラシを使うのが基本的な使い方。

**耐水紙やすり**

金ブラシやゴムブラシでも落ちない汚れに部分的に使う紙やすり。スエードの毛足に合わせて、細かい280番手、粗めの150番手を用意。耐水ペーパーのほうが使いやすい。

### 5 防水スプレーをかける

削り落としたカスをブラシではらってから、今後のしみや汚れを防ぐため、全体に防水スプレーをかける。靴と同色の色つきスプレーを使うと美しく仕上がる。スプレーは全体がしっとり湿るくらいたっぷりと。別色のステッチ入りや合う色がない場合には無色のスプレーを使う。

### 6 乾燥させる

シューツリーを入れたまま、少しおいて乾燥させる。スプレーだけなら数分ほどで乾く。雨の日は外出の1時間ほど前にもスプレーすると効果アップ。

### 7 ブラシで毛並みを整える

スプレーが完全に乾くまで時間をおいたら、仕上げに馬毛ブラシで毛並みをきれいに整える。このときも一方向にブラシをかけると、色みが均一になり、きれいに仕上がる。

---

#### 使用する道具／防水スプレー

**サフィール スエード&ヌバックスプレー**

スエード、ヌバック革用スプレー。補色、油分の補給、防水効果を1本のスプレーでまかなえる。全17色あるので、手持ちの靴に合った色を選びやすい。

**コロンブス アメダス**

防水スプレーの定番。スムースレザー、起毛素材の天然皮革から合皮、布類までオールマイティーに使える。革の通気性や柔軟性は損なわない。大容量なのもうれしい。

> アレンジ磨き⑦

# ヘアカーフ、ファー

靴にも使われることのある、カーフスキン（子牛革）のうち毛を残したまま用いるヘアカーフをはじめ、ファー素材は長い毛足が温かさを感じさせ、秋冬にぴったり。長い毛足にほこりがたまりやすいので、毛を逆立てるように汚れをかき出して、すっきりさせよう。

---
**基本の磨きと異なる点**

クリーナー、クリーム、ワックス、すべて使わない…ほこりを落とすブラッシング以外のすべての工程がスムースレザーとは異なる。防水スプレーで仕上げる。

---

### 1 紐、バックルを外す

はじめに、隅々までしっかり磨けるよう紐やバックルを外しておく。靴の中をアルコール綿や除菌ウェットシートで拭き取ってから、靴に合ったシューツリーを入れる。

### 2 ほこりを落とす

長い毛足にはほこりなどがたまりやすい。馬毛ブラシで、毛を逆立てるようにしてほこりをかき出してから、毛並みを戻すようにブラシをかけ、毛並みを整える。毛皮以外の部分は、通常の革と同様にブラッシングをしてほこりを落とす。

POINT：毛並みに逆らうように

### 3 防水スプレーをかける

毛皮の部分に防水スプレーをかける。毛のタイプに合わせて、色つきまたは無色のスプレーを使い、毛がしっとり湿るくらいたっぷりとかけてから、しっかり乾燥させる。スプレーを使用する際には、換気に注意する。毛皮以外の部分は、革の種類に合わせて基本の磨きを行う。

# アレンジ磨き Q&A

## Q1
「色つきクリームは混ぜて色をつくることはできますか?」
↓

**A1**) 乳化性クリームは絵の具のように混ぜて使うこともできます。その場合、次回もまた同じ色を正確につくるのが難しいので、スプーン1杯＋2杯、というように、混ぜる割合を量っておくと便利です。

## Q2
「スムースレザーには防水スプレーは使わないのですか?」
↓

**A2**) 基本的には使いません。スムースレザーの場合、ワックスを塗って防水効果を出すほうが、光沢も出て美しく仕上がるため、防水スプレーはおすすめしません。

## Q3
「起毛素材の靴に防水スプレーをかける頻度は?」
↓

**A3**) 8〜10回履いたら一度かけましょう。長期間履いていなかった場合は、履く前にスプレーし、乾かしてから出かけましょう。

## Q4
「合皮の靴は、お手入れ不要?」
↓

**A4**) 栄養補給は不要なので乳化性クリームは使いませんが、汚れ落としと鏡面磨きはできます。

見た目を美しく気持ちよく靴を履くためにも、ぜひ磨きましょう。

## Q5
「起毛素材の、スエード、ヌバック、バックスキンは、それぞれ違うものですか?」
↓

**A5**) それぞれ異なり、スエードは皮の裏側を、ヌバックは革の表面を削って毛羽立たせたもの。バックスキンは、オス鹿（buck）の革の表面を毛羽立たせたもの。ちなみにヌバックは、貴重な革であるバックスキンをイメージしてつくられたもので、その名も「新しいバックスキン」を意味しています。手入れは、どれもスエードと同じ方法で行います。

## Q6
「ステッチの糸が白い靴はどう磨いたらよいですか?」
↓

**A6**) 白いステッチを避けて、上手にクリームを塗れるとよいですが、なかなか難しいので、無色のクリームで磨くのが無難です。もし手間でなければステッチをていねいにマスキングして磨くというのが最良です。

## Q7
「白い靴を磨くときには、クリームは無色のものを使えばいいのでしょうか?」
↓

**A7**) 無色のクリームでも問題ありませんが、美しい白さを保つには、白いクリームのほうが適しています。特に落ちにくくなった薄汚れや黄ばみを隠すには白いクリームが欠かせません。また、白い靴を磨くときには必ず、ブラシは白色専用のものを、布も新しいものを使いましょう。

## Q8
「ヘビ革の手入れ方法は?」
↓

**A8**) ヘビ革の鱗は、乾燥が進むと逆立ってきます。乳化性クリームを塗ってしっとりさせてあげましょう。

その際、指やブラシを使って、鱗を寝かせるようにしながらクリームを塗りこむのがポイントです。

## Q9
「革のスニーカーも、ここに出ている方法で磨けますか？水洗いしたほうがいい？」

↓

A9）革のスニーカーも本革なら同じように磨くことができます。ただしスニーカーの場合、デザインが多種多様で、いろいろな種類の革を組み合わせたものもあるので、磨く前に革をよく見てから適した方法で行ってください。わからなければ一度プロに聞くのもよいでしょう。水洗いに関しても同様です。

## Q10
「複数の色使いの靴の手入れ方法は？それぞれの色のクリームを使い分けて磨くの？」

↓

A10）手間はかかりますが、それぞれの革に合わせて複数色のクリームを使って磨くのがベストです。その場合、薄い色から磨いていくといいでしょう。面倒くさい、クリームがそろっていないなど、それが難しい場合は、無色のクリームで全体を磨いてしまってもかまいません。

## Q11
「いま履いている靴を磨きたいのですが、本革か合皮かわかりません。見分け方はありますか」

↓

A11）最近の合皮はとてもよくできていて、本革と見分けがつかないものが多数あります。購入時に靴に貼ってあるシールで見分ける、店で尋ねて革の種類を知ってから購入するのが一番確実です。手持ちの靴を見分けたいという場合は、「水が染みるか（本革）、染みないか（合皮）」で分けますが、撥水加工の本革もあるので、あいまいな判断になってしまいます。ほかにも縫い目の大きさを見る、毛穴や断面を確認、キズをつけてみるなどの方法がありますが、いずれもなかなか難しい方法です。

## Q12
「靴の飾り穴（ブローギング）にクリームやワックスが入ってしまう。どうすればいい？」

↓

A12）豚毛ブラシでクリームをなじませるときに、毛足が穴の中に入るようにブラッシングしましょう。簡単に取れます。あまり目立たないようなら、多少残っていても気にしなくて大丈夫です。

## Q13
「久しぶりに出してみたら、エナメルの表面にはがれ、ひび割れができていた！」

↓

A13）残念ながら、どちらも直せません。表面に樹脂を塗装したパテントレザーは、水や汚れに強い半面、構造上、素材が厚く、気温や湿度の変化による革と樹脂の収縮差なども起こるため深いしわ、ひび割れが起こりやすい革でもあります。湿気にも乾燥にも弱いので、保管場所には注意が必要です。保管時は必ずシューツリーを使ってください。

## Q14
「エナメルの靴の表面がベタベタしているのですが、どうしたらいいですか」

↓

A14）表面の樹脂が劣化するとベタつきが発生します。これを直すのは、いまの技術では不可能です。修復はできませんが、「コロニル／1909 シュプリームクリームデラックス」というクリームを塗るとベタつきを抑えることができるので、おすすめです。

## Q15
「バッグや財布などの革製品も同じ方法で磨けますか？」

↓

A15）バッグでも財布でも同じように磨くことができます。手に触れるものなのでワックスは使わず、無色のクリームだけでケアします。バッグ磨きの方法は、P.94で紹介しています。

# 相棒とごきげんに付き合う秘訣

お気に入りの靴と長く付き合っていくためには、ここまでに紹介した手入れをすることはもちろん、ふだんの履き方にも気を配りたい。ほんの少していねいに扱ってやるだけで、靴の長持ち具合は格段に違ってくる。といっても、特に難しいことではなく、すでに習慣になっている人もいるかもしれないほど当たり前で簡単なことばかりだ。大きくいえば、靴を傷めるような履き方（踏んだり引っ張ったり、水浸しにしたり）は避けること。もうひとつ大切なことは、1日履いたら、休ませてやること。3足ローテーションが理想だ。

## 〈 出かけるときには 〉

### 靴べらを必ず使う

靴べらを使うことは、靴に足をスムースに入れるためはもちろん、かかとまわりの型くずれを防ぐためにも、とても大切なこと。靴べらなしでムリに履こうとすれば、かかとが踏みつけられたり、ひどい場合にはつま先をトントンして履いてしまったり……靴を傷め、靴の寿命を縮める大きな原因となってしまう。またかかとが型くずれしてしまうと、履き心地も悪くなる。靴べらは、紳士淑女の必須アイテムなのだ。

### 靴紐は毎回ほどく

慌ただしい朝、疲れて帰宅した夜、ついやってしまいがちなのが、靴紐をゆるめに結んだまま、脱いだり履いたりしてしまうこと。たしかに楽チンだが、紐をほどいたときに比べてグイグイと履くことになるので靴が傷む。紐をゆるくしていれば足へのフィット感が悪くなる。フィット感が悪いと、靴の中でムダに足が動くため、これもまた靴を傷めやすい。靴紐を「ほどく、結ぶ」は大した手間ではない。ぜひ習慣づけて。

## 最低3足を
## ローテーション

履けば履くほど靴が傷んでいくのは当然のこと。大切な靴を長持ちさせるためには、同じ靴を続けて履かないことも大切だ。1日中、履きつづけた靴は汗で湿っていて、すっかり乾くまでに2日はかかるといわれている。乾ききらない状態でまた履いて、また湿る……を繰り返していると、悪臭やカビをまねき、靴にダメージを与えてしまう。1日履いたら2日は休ませるため、3足以上をローテーションするのが理想的だ。少し贅沢に感じるかもしれないが、こうすることで一足一足がグッと長持ちし、結果としてはおトクなのだ。

## 雨の日用の
## 靴をもつ

靴が雨に濡れ、中まで染みこんでしまうととても不快だ。ずぶ濡れになった革を完全に乾かすのには時間がかかるし、いつまでも湿っているとカビやしみ、クレーターの原因にもなる。雨の日専用の靴を用意することで、こうした事態は簡単に避けることができる。ゴム靴などもあるが、雨の日も革靴にこだわるなら、おすすめは表面につやのあるコーティングがされた「ガラス革」の靴だ。ゴムソールで丈の長い靴なら、さらに雨の日向き。一足、用意しておくとよい。

## 〈帰ってきたら〉

毎日、靴を履くときの心得を理解したうえで、次に覚えておきたいのが日々の手入れの仕方。ほこりをはらって乾燥させてから、シューツリーを入れて保管、という簡単なものだが、これを日常化するだけで、しわや型くずれを防ぎ、カビの発生を抑えるなど、靴を美しく保つことができる。これにスペシャルなケアとして、P.20からの基本の磨きを月に一度のペースで行えば、大切な靴が長持ちすること間違いなし。湿気がこもりやすい靴棚は、ときどき風を通すなどして、カビやイヤな臭いの発生を防いでやろう。

---

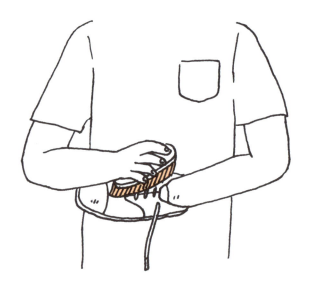

### ホコリを落とす

1日履いただけでも、靴はほこりにまみれてしまう。そのままにしておくと汚れがたまっていくだけでなく、カビの栄養分にもなってしまうので、毛足の長い馬毛ブラシで軽くほこりを落とすことを習慣づけたい。履くたびにほこりを落としておけば、月1回のスペシャルケアのときの手間も軽くなる。また、毎回チェックをすることで、キズやしみなどを見つけることができ、症状が軽いうちに適切なケアをすることもできる。

## ひと晩、乾燥させる

体の中でも足は、汗の量が多い部位。その量は1日でコップ半分ともいわれている。たっぷり含んでしまった汗を残さず乾かすため、履いて帰った晩は靴棚などに入れずに、そのまま置いておくとよい。風通しのよい場所に置けば、なおよし。汗かきの人や臭いが気になる人は、靴のための乾燥脱臭剤などを利用しても。雨に濡れてしまった靴は、丸めた新聞紙を中に入れるなどして、しっかり乾かしてから保管したい。

## シューツリーを入れて保管

ひと晩おいた靴には、履きじわやソールの反り返りを防ぐためシューツリーを入れて靴棚に。ひと晩置いただけでは除ききれない湿気を取り除くためには、木製のシューツリーを使うことが望ましい。無垢の木のかたまりが、靴の中に残った湿気を吸い取ってくれるのだ。シューツリーは、靴ごとに型に合ったものを用意したい。安価なシューツリーの中には、かえって靴の型を崩してしまう構造のものもあるので、信頼できるものを選びたい。

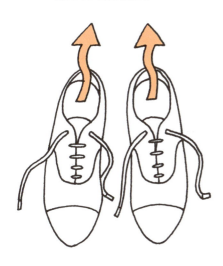

## 保管場所についての注意点

靴の収納場所は、風通しが悪く、湿気がこもりやすいケースが多い。扉を開けると、ムッと湿気た臭いがするということも少なくない。カビの発生を防ぐためにも、なるべく湿気を取り除き、靴によい環境を保ちたい。オープンラックならベターだが、それが難しくても、ときどき扉を開けて風を通す、靴棚用の吸湿剤を利用するなど、湿気対策を心がけよう。長期間履かない季節ものの靴などは、素材に合わせてP.20〜57の手入れを行ってから、シューツリーを入れて保管する。

地面に近い場所で使われる靴に、トラブルはつきもの。雨などの水濡れでしみやクレーターができたり、さらにはカビが発生したり、気づかないうちに擦りキズやヒールめくれが起こっていることも少なくない。大切な相棒にトラブルが起こると悲しくなるが、ご安心あれ。これらのトラブルは、自分で修復することが可能なのだ。使うものは、基本の磨きで使った道具と、家にある日用品のみ。特別な道具は使わないし、プロ並みの高度なテクニックも必要ない。靴の修理を自分でするなんてハードルが高く思えるかもしれないが、気軽にチャレンジしてみよう。

もっと長く付き合うために

3

# 靴に起こる3大トラブル

きちんと手入れをしていても、キズがついたりカビが生えたり、靴にはトラブルも起こってしまうもの。よくあるトラブル、「カビ」、「しみ」、「クレーター」は、雨などに濡れることで起こりやすい。靴を濡らしてしまい、しみやクレーターができてしまっても、その発生のメカニズムと補修の仕方を知っていれば、トラブルを未然に防ぐ対策を施せるし、慌てることもない。自分で補修をすることで、靴に対する愛着も増すだろう。トラブルを完全に防ぐことは難しいので、日常的な手入れや対策をしながら、もしもに備えて自分で補修ができる知識を身につけておこう。

---

〈 カビ 〉

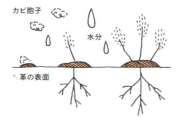

どこにでもいるカビ菌は、温度、湿度、栄養、酸素があれば簡単に殖える。汗や雨、保管場所の湿気、汚れやクリームの栄養など、靴は格好のカビの住処だ。

カビの真菌は、空気中の至る所に存在しているため、条件がそろえばどこにでも生える。その条件は、温度（10〜35℃）、水分（雨や汗）、栄養分（汚れやクリーム）、酸素があること。靴を冷凍や真空で保管はできないので、湿気を断つことがカビを防ぐ早道になる。雨が降らなくても、足からの汗で湿気を帯びているので、乾燥はとても大事。靴のカビ取りは晴れた日に。ブラシでカビをはらって、アルコールで除菌。革にアルコールを染みこませ、内部まで除菌できるとベターだ。

○対処法

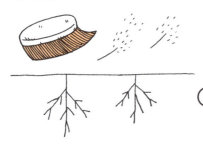

カビが生えてしまった靴は、まず表面のカビをブラシではらう。これではまだ、表面のカビが落ちただけで、革の中などにはカビ菌が残っている。

ブラシではらってもまだ靴に潜むカビは、アルコールで除菌。薬局など売っている消毒用エタノールがおすすめ。コットンなどに取り、靴の表面、内側、底まで残らず拭く。

## 〈 しみ 〉

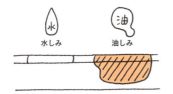

雨などで革が濡れてしまうと、内部の色素が水分によってゆるみ、動いてしまい、そのムラがしみになってしまう。油が付着して染みこんでもしみができることがある。

ブラシをかけても、クリーナーで拭き取っても落とせない、革にできたしみは、水濡れにより革の中の色素が動いてムラになってしまったり、油分が付着してしまったり、発生の原因はいろいろ。革の内部で起こっているので、水やクリーナーを革に含ませることでいったんしみをゆるめ、その液体分で薄めて散らしていくことで、ほとんど目立たなくすることができる。

○ 対処法

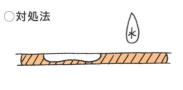

水しみは、たっぷり湿らせた雑巾を使って水拭きをして、しみをゆるめながらぼかしていく。頑固なしみには、しみが目立たなくなるまで繰り返す。

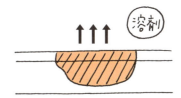

油性のしみにはクリーナーに含まれる溶剤が効果的。クリーナーでの強めの拭き取りは、汚れ落としとともに、油性のしみをゆるめるのにも役立つ。

## 〈 クレーター 〉

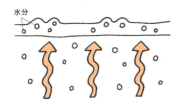

雨などで濡れてしまった革が、その水分でふくらんで持ち上がってしまうのがクレーターの原因。水にふやけたダンボールを想像するとわかりやすい。

雨に濡れてしまった靴が乾いたあとにできる、吹き出物のようなブツブツやデコボコ。このクレーターは、濡れてふやけた革の一部がふくらんで、そのまま戻らずに乾いてしまうことで発生してしまう。発生の流れの逆をたどるように、再び水で濡らして革をふやかしてから、表面のなめらかな丸棒でデコボコを押さえて平らにならして乾かせば、クレーターをなくすことができる。

○ 対処法

濡れた靴を乾かしても、革がふくらんだ部分が戻らず残ってしまうと、吹き出物のようなブツブツやデコボコのクレーターとなってしまう。

ふやけてできたクレーターは、再びふやかし戻してやる。たっぷり湿らせた雑巾を使って革に水を含ませてから、ペンなど丸棒のなめらかな曲面で押さえると元に戻せる。

> 対処法

# 〈 カビ 〉

足の汗や雨に濡れたあとの乾燥が不十分、収納場所の風通しが悪いことなどがカビの原因。カビが生えてしまったら、表面のカビをはらってから、内部のカビ菌を除菌してやろう。その後は、また発生しないよう、保管に気をつけて！

乾きにくい履きじわの部分がカビに覆われてしまった！　カビ菌は空気中のどこにでもいるので、条件がそろうと簡単に発生してしまう。季節ものなど、長期間履かない靴などは、特に要注意だ。

**1**

## ほこりや汚れ、カビを落とす

表面のほこりを落とすと同時に、カビも馬毛のブラシではらう。カビ菌が周囲に飛び散るので、屋外など汚れてもよい場所で行うとよい。

**2**

## アルコールで拭く

目に見えていたカビが落ちても、カビ菌が消えたわけではない。布やコットンに消毒用エタノールを多めに含ませ、まずは表面からカビを除菌。強くこすると革を傷めるので注意しながら、革にアルコールが少し染みこむ程度に全体を拭く。

**3**

## 靴の内側も拭く

続いて靴の内側。湿気がこもりやすい内部は、表面よりもカビが発生しやすい。見えない部分までしっかりと、こちらも革にアルコールを染みこませるように、全体をていねいに拭いていく。

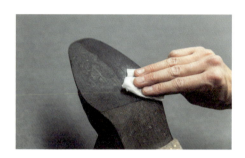

**4**

## 靴底も拭く

最後はソールも同様にして除菌する。すべて済んだら、風通しのよい場所で靴を乾燥させる。乾燥時は必ずシューツリーを入れる。完全に乾いてから、基本の磨きと同様に、乳化性クリーム、油性ワックスでのケア&シャインを行う。

after

履いたらきちんと乾燥させ、湿気の少ない場所での保管を心がけたい。汚れもカビの栄養のひとつとなるので、1回履いたらブラッシング、長期間履かない靴はシューケアしてからの保管も忘れずに。

> 対処法

# 〈 スムースレザーの靴のキズ 〉

お気に入りの靴を傷つけてしまったら、ショックはかなり大きい。革についたキズの修理なんてできないし諦めるしかない……と落ちこまなくても大丈夫。表面のキズならクリームとワックスで、すっかり目立たなくすることができるのだ。

特にキズがつきやすいのはつま先とかかと。しょっちゅうキズをつけてしまう場合は、歩き方にクセがあるかもしれないので注意してみて。補修前に、基本の磨きのブラッシング、クリーナーを済ませておく。

**1**

### キズに
### クリームを塗りこむ

キズの部分に乳化性クリームを塗る。濃い色の靴には、靴色よりも濃い色のクリーム、薄い靴色の靴なら同色か、少し薄い色のクリームを選び、ふだんのケアよりも少し多めに、しっかり塗こむこと。

クリームは通常よりも多めに指に取り、キズを隠すように塗っていく。

### 2
## ワックスを塗りこむ

キズの部分を中心にそのパーツ全体に油性ワックスを塗る。キズを埋めるようにワックスを置き、なじませるように指でならす。**1**のクリームを落とさないようにやさしく塗る。色の選び方は、クリームと同様。

### 3
## ストッキングで磨く

ワックス仕上げに水を使うとキズに染みこんでしまうので、水は使わずにから拭きで仕上げる。ネル生地は毛足が長くワックスをかき出してしまうので、ここではストッキングを丸めたものを使い、表面をなでるようにやさしく拭く。

丸めたストッキングは、やさしい拭き取りに最適。使い古しで十分。

◇◇◇◇◇

キズはすっかり目立たなくなった。ワックスが薄れ、またキズが目立つようになってしまったら、同様の手入れを行えばよい。

> 対処法

# 〈 クレーター 〉

水を多く含んで革がふやけるとできてしまうクレーターも、自分で補修することができる。水でふやけてできた→水でふやかして直す。トラブルの原因がわかると、補修の方法もわかってくるものだ。クレーターを丸棒でならすのがポイント！

革が水を含んで浮き上がったまま乾いてしまうとクレーターになってしまう。濡らさないようにすることが第一の防止策だが、不意の豪雨など避けきれないこともある。自分で補修できるとなれば安心だ。

### 1
### クリーナーで拭き取る

基本の磨きのブラッシング、クリーナーを済ませ、クレーター部分はさらに念入りにクリーナーでゴシゴシ拭き、ワックス、クリームを除去する。このあと水を含ませるので、水の浸透をよくするための大事な工程だ。

### 2
### クレーター部分を湿らせる

ぬるま湯で濡らして軽く絞った雑巾でクレーターのある部分の革を湿らせる。水気で革をふくらませたいので、内部にまで染みこむほどたっぷりと濡らしてかまわない。明るい色の靴では、水がしみになることがあるので注意する。

### 3

## デコボコをならす

革がふやけたらクレーターの凸部をならす。ペンなどの丸い棒を使って、表面を押しながら一方向になでるように、クレーターのデコボコが平らになるのを目で確認しながら、全体を均一にこする。

### 4

## しっかり乾燥させる

クレーターがきれいになったのを確認したら、風通しのよい場所でしっかり乾燥させる。乾燥時は必ずシューツリーを入れる。完全に乾いてから、基本の磨きと同様に、乳化性クリーム、油性ワックスでのケア＆シャインを行う。

デコボコしていたつま先が、こんなになめらかに。自分で直すことなどできそうにないと思えたクレーターも、自宅でのケアで、ここまできれいにすることができる。

> 対処法

# 〈 ヒールのめくれ 〉

細いヒールは、路面の段差や穴などにハマり、めくれてしまうことが多い。めくれた革が取れていなければ、接着剤を使って簡単に修復可能。貼りつけた革を丸棒の曲面でなじませてやれば、キズ跡はほとんど目立たなくなる。

before

下から押し上げるようにできるのがヒールのめくれの特徴。写真は比較的、軽いキズだが、もっと豪快にべろりとめくれてしまっていても、同じ方法で補修することができる。

### 1

## めくれた革を浮かせる

めくれた革は、大抵の場合、しわを寄せたように縮まっているので、爪楊枝などの細いもので、浮き上がらせてから、しわを伸ばしていく。切れたり破れたりしないよう、ていねいに行う。

### 2

## 裏面に接着剤を塗る

綿棒に少量の接着剤をとり、浮かせた革の裏側にごく薄く塗る。革の裏をなでる程度で十分。接着剤は、革に対応するものを使う。

### 3
## ならしながら革を貼る

上(履き口側)から下に向かって丸棒でなでながら革を元の位置に戻すように貼る。接着剤が乾く前に、何度かなでてめくれていた革をヒールになじませる。このとき接着剤がはみ出したら指でこすり取る。

### 4
## ブラシでなじませる

1時間ほど接着剤を乾かしてから、修復部分を豚毛ブラシでなじませる。このあとキズの補修(P.70)の手順で乳化性クリーム、油性ワックスで仕上げれば、修復跡はほとんど目立たなくなる。

◇◇◇◇◇

めくれたキズにぴったりと革を貼ることができた。浮いた革を、ヒールの丸みに合わせて丸棒でなじませるのがポイントだ。

> 対処法

# 〈 スムースレザーの靴の雨じみ 〉

革に染みこんだ水分や油分がつくるしみは、薄い色の靴で特に目立ちやすい。油性ワックスである程度防ぐことができるものの、できてしまったしみは、水分やクリーナーで薄めてやれば、かなり目立たなくすることができる。

すっかりワックスがはげてしまった靴に、いくつもできてしまったしみ。濃いもの、薄いもの、にじんだようなしみなど、しみのタイプも様々である。

### 1
### クリーナーで拭き取る

クリーナーでゴシゴシ拭き、古いクリーム、ワックスを除去する。これであとの水拭きがしっかりと効くようになる。また、油性のしみはクリーナーに含まれる溶剤でゆるめることができる。

### 2
### しみを濡らしてぼかす

ぬるま湯で濡らして軽く絞った雑巾でしみのある部分の革を湿らせる。内部にまで染みこむほどたっぷりと濡らしてしみをゆるめながら、こすらず散らすようにして、しみをぼかしていく。

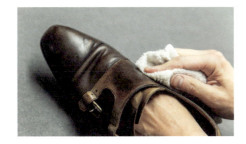

### 3
### 残ったしみは再び濡らす

水拭きをしてから少し乾かすと消えていないしみが目立ってくるので、再び濡らした布でしみの部分の革を湿らせ、残ったしみをゆるめながら、ぼかす。

### 4
### しっかり乾燥させる

半乾き状態でしみが消えたのを確認したら、風通しのよい場所でしっかり乾燥させる。乾燥時は必ずシューツリーを入れる。完全に乾いてから、基本の磨きと同様に、乳化性クリーム、油性ワックスでのケア＆シャインを行う。

◇◇◇◇◇

濃く大きかったつま先のしみも、クリーナー＆水のダブル使いで、ここまで落とすことができる。濡れをおそれず、たっぷりの水で濡らして、しみをぼかしてしまうのがポイントだ。

> 対処法

# 〈 起毛素材の靴の雨じみ 〉

起毛が水を弾いてくれる起毛素材の革靴。さらに使用前に防水スプレーをかけておけばしみを防ぐのに効果大。それでもできてしまったしみは、ブラシ、紙やすり、水拭き、としみの深さによって段階的に落としていこう。

スムースレザーと同じく、色が薄い革はしみが目立ちやすい。まずはスエード用のブラシ、それでも落ちなければ紙やすりを使って汚れを落とす。水拭きは最後の手段だ。

### 1
### しみにブラシをかける

スエードのしみは、まずブラシで落とすのが基本。金ブラシやゴムブラシなどスエード用のブラシでしみの部分をこすり、表面を削ることでしみを除去する。ブラッシングは、消しゴムをかけるくらいの強さで行う。しみが落ちたら **4** へ。

### 2
### 紙やすりでこする

ブラッシングで落ちない深いしみには紙やすりを使う。280番手のやすり（粗めのスエードなら150番手）をしみの部分にかけて表面を削り落とす。あまり強くかけると革が薄くなりすぎてしまうので、力の入れすぎに注意。しみが落ちたら **4** へ。

### 3
## しみを濡らしてぼかす

それでも落ちない頑固なしみは、水分でゆるめて散らす。ぬるま湯で濡らして軽く絞った雑巾でしみのある部分の革を湿らせ、しみをゆるめながら、こすらず散らすようにしてぼかしてから、風通しのよい場所でしっかり乾燥させる。

### 4
## 防水スプレーをかける

3で靴を濡らした場合は完全に乾いてから、スエードの磨き（P.54）と同様に色つきの防水スプレーをかけ、最後に馬毛のブラシで毛並みを整える。

点在していたしみは、ほとんど目立たなくなった。濡らしたときに薄く残ったしみも、乾燥させ、色つきの防水スプレーで仕上げると目立たなくなるので、ブラシ、ヤスリはかけすぎないように。

> 対処法

# 〈 ゴムソールの汚れ 〉

スニーカーなどカジュアルシューズのゴム底は、色が薄いものだと、すぐに薄汚れてしまうもの。ソール付近は汚れて当然ともいえる部分なので、汚さない工夫をするよりも、簡単に汚れを落とせる方法を覚えて、こまめな手入れを心がけよう。

真っ白なスニーカーだから、小さな汚れも目立ってしまう。ゴム部分は革に比べて手入れが簡単なので、こまめに手入れをするとよい。ここではキッチン用のクレンザーが活躍する。

**1**

## 汚れを
## クレンザーで拭く

P.25の方法で布を指に巻き、水を含ませてから、キッチン用のクレンザーを少量取り、汚れの部分をこする。やさしくこするだけで十分だ。みるみる汚れが落ちていくのがわかる。靴の素材によるが、すすぎのことなどを考えると、本体部分にはクレンザーがしみないようにしたほうが無難。

クレンザーは小皿などに出し、濡らした布に取る。

### 2

## 何度か拭き取る

きれいな部分に布を巻きかえながら、汚れが落ちるまで同じことを繰り返す。一部だけが白くなりすぎるようなら、周囲も同様に磨けばよい。もちろん、ぐるっと一周磨いてもよい。

### 3

## クレンザーを取り除く

汚れが落ちたことを確認したら、濡らして固めに絞った雑巾でクレンザーを拭き取る。雑巾をきれいな部分に持ちかえて(必要ならば一度すすいで)、クレンザーを完全に拭き取ったら終了。

◇◇◇◇◇

ソールをきれいにしただけでも、靴全体がキリッと美しく見える。あっという間にできる、覚えておきたいテクニックだ。

> 対処法

# 〈 起毛素材の靴の毛羽立ち 〉

履きつづけていると表面が毛羽立ってくるスエードなどの起毛素材の靴。放っておいても問題ないが、やっぱりきれいにしたいものだ。ブラシをかけてもきれいに整わないときには、とっておきの秘策で毛羽立ちをすっきり除去しよう。

こすれやすいかかとの内側面は、毛羽立ちが起こりやすい箇所。毛足の短いスエードでは目立ちにくいが、毛足が長いものだと、ボサボサになってしまうことも。

### 1
### 毛羽立ちを火であぶる

ここは大胆に、毛羽立ちを火であぶって燃やしてしまおう。ライターの火を毛羽立ちにサッと当てる。火を左右に動かしながらまんべんなくあぶるのがポイント。長くあぶりすぎないよう注意。色の薄い靴だと焦げ跡が目立ってしまうので、この方法は、濃い色の靴限定のものと考えよう。

毛羽がなくなりすっきりきれいに。燃えカスは、手やブラシではらえば取れる。ライターを使う場合は、ヤケドには十分、注意して。靴も焦がさないように気をつけよう。

# 修理に出すタイミング

靴を長く履きつづけるためには、適切な修理も必要になる。いくらていねいに手入れをしても、パーツの消耗はどうしても起こるものだ。その代表格がソールの消耗。少しずつ減ってくるソールは、減り具合が深くなりすぎると大掛かりな修理が必要になってしまうので（場合によっては修理不能になることも）、修理に出してソールを交換してもらうとよい。そのためにも、ソールの張り替えが可能な製法でつくられた靴（P.13）を選ぶこと。下記の写真くらい消耗したら、修理に出したほうがいい。

### ヒール（かかと）

上の写真でヒール部分の層の、一番下（地面側）の層が残っているうちに交換するのがベター。この段階なら、下の層のみを張り替えるだけで済む。減りが深くなればなるほど、交換も大掛かりになる。

### ライニング（裏地）

本体部分で消耗しやすいのは、内側のかかとの部分。かかとが擦れてライニングが薄くなり穴があく。進行するとかかとの芯地まで穴があいて靴の型が崩れるので、ライニングの革に穴があいた時点で張り替えをするとよい。

### トゥ（つま先）

特にグッドイヤー製法の靴は、最初はソールが固く曲がりにくいため、つま先が先に減る。ウェルトというソールを縫い付ける元の部分まですり減ってしまう前に修理へ。履きおろす前にスチール（鉄）を張るのもおすすめ。

### ソール（足裏）

ソールの中央あたりをグッと押してみて、簡単にへこむようならソールの張り替え時期。薄くなったソールのまま履いていると足が疲れるし、そのまま履きつづければ穴があいてしまうおそれもある。そう頻繁に張り替えることもないが、ときどきチェックしてみよう。

# 靴のトラブル
# Q&A

## Q1
「雨や雪で
靴が濡れてしまいました。
どう対処したらよいですか?」
↓

A1）帰ってきたら、あえて濡れ雑巾で靴全体をまんべんなく濡らしてしまいましょう。濡れ方にムラがあるとそのまましみになってしまうのですが、均一に濡らすことで、そうしたしみの発生は回避できます。その後、新聞紙などを中に詰めて陰干しします。その際、靴底は浮くように立てかけて乾燥させましょう。ひと晩乾燥させたら新聞紙を抜いて、そのままもう1日くらいは乾燥させます。

## Q2
「濡れた靴を乾かしたあとは、
いつもと違った
特別のメンテナンスが必要?」
↓

A2）上記の方法で乾燥させたあとは、乳化性クリームをたっぷり塗って革に十分な栄養補給をしてあげることが大切です。というのも雨に濡れたあとの乾いた革は、油分がなくなり硬くなっているので、そのまま履くとひび割れしてしまう危険があるからです。いつもより多めのクリームをしっかり塗りこんでから磨きの工程を行ってください。

## Q3
「靴の色が
あせてしまったのですが……」
↓

A3）スムースレザーであれば乳化性クリームの色つきのもので補色しましょう。起毛素材の革であれば色つきのスプレーで補色できます。それぞれ特殊な技術はいらないので工程は各素材の磨き方のページで確認してください。

## Q4
「革がひび割れしてしまいました。
自分で直せますか?」
↓

A4）厳密にいうとひび割れてしまった革は元の通りには直りません。ただ目立たなくする補修やひび割れがひどくならないようにする延命補修はあります。どちらにせよ大変難しい施術なのでプロに相談しましょう。

## Q5
「靴に飲み物を
こぼしてしまいました。
とりあえず乾かせばいいですか?」
↓

A5）すぐに水拭きしてください。そのままにするとこぼした跡がしみになってしまうので、水拭きしてしみをぼかしましょう。

## Q6
「靴が臭いのですが、
どうしたら臭いが取れますか?」
↓

A6）靴磨き職人として、これまでにいろいろなことを試してきましたが、劇的に改善される方法は、いまだ見つかっていません。いまのところの最善策として、消臭スプレーをかけてから靴の中を日光に当てて消毒する方法があります。予防としては、同じ靴を連続して履かない、ウールやシルクなど防臭効果が期待できる靴下を履くなどが有効。そもそも臭くならないようにすることが、なにより大切です。

## Q7
「靴のサイズが合わない場合、
調整する方法はありますか?」
↓

A7）きつい靴に関しては、ストレッチャーできつ

い部分を伸ばすことができます。靴の構造や素材によって伸び方は異なりますが、大きくすることは可能です。サイズが大きすぎる靴は、中敷きで調整します。ここで使う中敷きは市販のものでもかまいませんが、一度プロに相談するのがベストです。単純に大きいだけならインソールを靴に合わせて作成してもらえます。そうすると見た目がとても自然に仕上がります。

## Q8
### 「履きじわが気になるのですが消せますか?」
↓

A8）履きじわにアイロンを当てて薄くすることはできますが、履くとまたすぐに元に戻ってしまうのであまり意味がありません。革の性質上、しわができてしまうのは仕方のないことなので、きれいな履きじわを目指しましょう。重要なのは履きおろすとき。きれいにしわが入るよう、まずはクリームをしっかり吸収させて革をやわらかくしてから履きはじめましょう。また、サイズが大きすぎると余計なしわが多く入ってしまうのでサイズ選びも重要です。

## Q9
### 「薄い色のスエードにデニムの色が移ってしまいました」
↓

A9）色移りしてしまった部分を紙やすりで少しずつ削っていけば、ある程度きれいになります。くわしくはスエードの磨きのページ（P.54～）をご覧ください。

## Q10
### 「新しい靴を買ったのですが、靴擦れがします。どうしたらいいですか?」
↓

A10）どこが擦れてますか？ 靴擦れの要因、起こり方は靴や人によりケースバイケースなので、どの事例にも当てはまる対策というのはありません。当たっている場所がわかれば、革をやわらかくしたり、部分的に伸ばしたりすることもできるので、一度プロに見てもらうのが確実です。多くの場合は、履いているうちに靴がなじんで、痛みも出なくなってきます。履きはじめのころは、足に絆創膏を貼りながら履くのも革靴ではよくあることです。

## Q11
### 「クリームやワックスの色が服に移らないか心配です」
↓

A11）色移りは、どうしてもしてしまいます。白いパンツなどは特に目立つので、気になるのであれば避けたほうがよいでしょう。服に当たる部分は無色のクリームで磨く、から拭きをしっかり行うことで、色移りを軽減できます。

## Q12
### 「拭いても拭いてもカビが出る」
↓

A12）靴を置いている場所に問題がありそうです。できれば湿気の少ない場所に置き場所を変えたいところですが、それがムリなら、すべての棚をアルコールで除菌して、風を通して乾燥させ、除湿剤も多めに置いてみましょう。靴は、P.68の方法で除菌してから、日に当てて日光消毒します。日ごろから気をつけ、カビを出さないようにするのが、一番の対策です。

## Q13
### 「歩くと靴が"ギュッギュッ"と鳴る。どうなっているの?」
↓

A13）様々な要因が考えられます。靴の構造のどこかが擦れているために音が鳴ってしまうのですが、それがどこで起こっているのかを見極めるのはプロでも難しいところ。靴底の中が擦れて音鳴りしているケースが多いので、靴を買ったお店か修理屋に相談してみましょう。

## Q14
### 「ソールを減りにくくする方法はある?」
↓

A14）歩き方がそのままソールの減り方につながります。ガツガツとかかとを当てて歩かないように気をつけてみては？ 歩いたぶんだけソールが摩耗するのは地球で生きるうえで仕方のないことなので軽やかに歩いてみましょう。

靴とさらに深く付き合い、靴磨きをもっと楽しくするためのプロ直伝のアレンジテクニックを大公開！ プロの技!?と言われると難しそうにも感じるが、基本の磨きの方法をベースにした工程なので、基本をマスターしていれば、思った以上に簡単にでき、靴は劇的に変化する。加えて、プロに依頼するリメイクの実例も紹介。こちらは自分では行えないが、長く履くうちに飽きてしまったりひどく汚れたり、大きくひび割れてしまったときには、プロの力を借りて靴を蘇らせよう。これらをうまく取り入れていけば、靴をもっと長く楽しく履きつづけられるのだ。

# 楽しむ靴磨き

靴の印象をガラリと変える

# アンティーク仕上げ

長年履きこんだような色合いが独特のアンティーク仕上げは、既製品でも手に入るが、手持ちの靴に自分で施すこともできる。強力なクリーナーで色を落とし、濃い色をのせていくテクニックを伝授しよう。

1

## クリーナーで強く拭き取る

クリーナーで古いクリームやワックス、汚れを拭き取る。油性ワックスを塗るつま先、かかと周辺は、色を落とすくらいの強さでゴシゴシと拭き取る。この部分には、通常よりも強い除去力をもつクリーナーを使うとよい。

before　after

## つま先に濃い色の
## クリームを塗る

乳化性クリームを、つま先、かかと周辺にたっぷり塗りこむ。目指す仕上がりよりも濃い色のクリームを選ぶのがポイント。茶色の靴なら黒色を選んでもよい。ほかの部分は、ふだん使っている色のクリームを塗る。

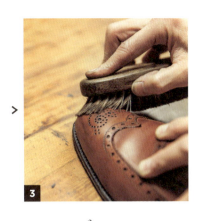

## ブラシで
## なじませる

豚毛のブラシで乳化性クリームをなじませるときも、いつもよりも強めに、革にクリームを浸透させるようにゴシゴシとブラッシングする。ほかの部分は通常どおりにブラッシングをしてクリームをなじませる。

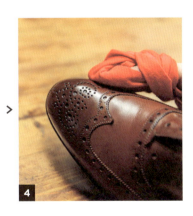

## やさしく
## から拭きする

クリームのから拭きは、布を使って塗りこんだクリームを取り除かないよう、やさしく。あくまで余分を拭き取るイメージで行う。つま先、かかと以外の部分は、通常どおりにから拭きする。

## 濃い色のワックスで
## 仕上げる

油性ワックスもクリーム同様に濃い色を選び、表面に色をのせていくイメージで、やさしく塗り、やさしく鏡面磨きをする。強く塗ってしまうとせっかくのせたクリームが薄くなってしまうので気をつけて。

特別な日には派手めにアレンジ

# パンチング
# カラーリング

気合いを入れておしゃれをする日、今日は目立ちたい！という日のとっておきの靴のおしゃれ術。小さな穴に色を入れるだけの手軽さ。小さなアレンジのさり気なさと、仕上がりの派手さのバランスが絶妙。

## カラフルな
## クリームを選ぶ

この技を使えるのは「ブローギング（縫い目の穴飾り）」、「メダリオン（つま先の穴飾り）」のある靴。この飾り穴を色つきクリームで埋めていく。靴に合わせたときに目立つような、思い切り派手な色を選ぶのがポイントだ。

## 穴を埋めるように
## クリームを塗る

基本の磨きをして、しっかりと鏡面磨きを済ませてから、指に取った色つきの乳化性クリームを穴に詰めていく。この段階ではみ出していても問題ない。つま先だけでもいいし、全部の穴に詰めても、そこはお好みで。

## はみ出たクリームを
## 拭き取る

毛足の短い布を指に巻き、穴からはみ出したクリームを拭き取っていく。ここできれいに拭き取るためにも、事前の鏡面磨きが重要だ。クリームが乾く前に、塗ったらすぐ余分を拭き取るのがポイント。

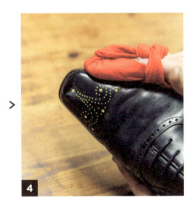

## やさしく
## 水拭きする

仕上げに、水をつけたネル地の布でやさしく磨く。これをすることで濁りが取れ、つやが戻るので、クリームの派手色と靴色のコントラストが際立つ。このときも、クリームを取り除かないように気をつける。

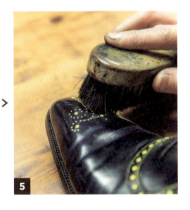

## 落とすときは、
## ブラシでかき出す

クリームを取り除くときは、豚毛のブラシでかき出す。少々手間がかかるが、爪楊枝などを使うと穴が広がってしまうので、根気よく念入りに取り除こう。とっておきのおしゃれには、こうしたひと手間も必要だ。

色あせた靴をショップでリメイク

# リカラー（染め変え）

ショップに持ちこめば、見違えるようなリメイクが可能。しみや汚れが落ちなくなったら、リカラー（染め変え）がおすすめ。Brift Hでのリカラーの一例を、ご紹介しよう。

## 同じデザインでもこんなに変わる

基本的には薄い色を濃い色に染め変えるのだが、黒色をグレーにするなど、濃い色を薄めにすることも可能。クリームやワックスでは色は定着しないが、プロの技ならこの仕上がりだ。写真左／元の色は、左の靴の周囲のライトブラウン。甲の部分をグリーンに染め変えた。右の靴は全体をダークブルーに。写真右／キャメル色（右）をバーガンディに、切り換え部分はネイビーに染めた（左）。

革のひび割れを隠すプロのテクニック
## チャールズパッチ

補修不能なひび割れなどに、新たな革を当てておしゃれに補修するのがチャールズパッチ。チャールズ皇太子が、こうして数十年も靴を大切に履いていることから名付けられた。

after

## 革の当て方でデザインは自由自在。

ひび割れはクリームやワックスでは直せないので、別革を当ててリメイク。同色の革を当てて目立たなくすることも、大胆に別の色を当てて新たにデザインすることも自由自在のプロの技。写真は、元は左右同じ靴。左／小指部分にできたひび割れに、同色の革を当てた例。右／白い革を大胆にあしらった例。このようにデザインの自由度が高いのが、チャールズパッチの楽しいところだ。

革製品なら、なんでも磨ける

# 革小物の磨き方

靴に限らず革製品なら、汚れを取る→栄養を与える→磨くの流れで、同じように手入れできる。手や衣服に直接触れるバッグや財布には、無色のクリームを使い、油性ワックスは塗らずに、から拭きで仕上げればピカピカに！

## 雑巾で水拭き

手の脂などバッグの汚れ程度なら、固めに絞った雑巾で水拭きをすれば落とすことができる。常に手を触れる部分が特に汚れているので、念入りに拭く。これをするだけでもかなりきれいになる。

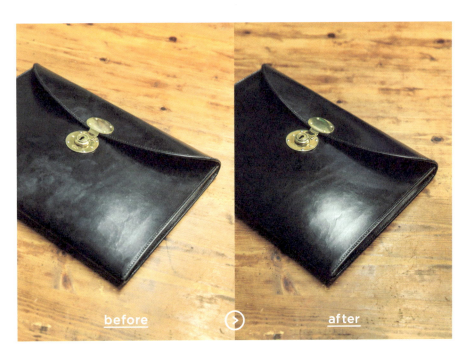

## 無色のクリームを塗る

手に持ち、服にも触れるバッグだから、色つきクリームは用いず、乳化性クリームは無色を選ぶ。指に取ったクリームを、全体にまんべんなく塗りこむ。バッグは特に厚塗りせず、薄めに塗れば十分だ。

## から拭きで仕上げる

ベタつきが残らないよう、から拭きで仕上げる。指に巻いた布で円を描くように拭くのは靴と同様。磨いてつやを出すようなイメージで、全体を拭き取れば終了。財布やベルトなども同様にケアできる。

# 楽しむ磨き
# Q&A

### Q1
「リカラーは自宅でできる？」
↓

A1）ホームセンターのクラフト売り場などにレザー専用の染料などが売られているので、ひと通りそろえれば自分でもできるのですが、思い通りに染めるのは正直、難しいでしょう。黒に染め変えるのは比較的簡単ですが、明るい色でリカラーする場合は、元々の革の色が大きく影響するので思い通りに染まらない可能性が大。やってみて無理そうなら、完全にダメにしてしまう前にプロの所へ駆けこんでください。

### Q2
「バッグの色が
薄くなってしまった。
自分で直せますか」
↓

A2）自分では少し難しいです。靴と違ってバッグは、色移りを防ぐために、色つきのクリームを使用しないので、補色のためには顔料(不溶性の着色剤)を使用する必要があるからです。その顔料も黒など濃い色でしたら比較的簡単に使えますが、調色を失敗するとムラになって汚くなってしまいます。ここはプロの手に委ねるのが賢明でしょう。

### Q3
「バッグはどのくらいの頻度で
磨けばいい？
やっぱり月に一度ですか？」
↓

A3）バッグの場合は、1年に一度くらいは磨いてあげるくらいで十分だと思います。その際、掃除機でバッグの中のほこりやゴミを取り除くと、すっきりして気持ちよいですよ。

# おわりに

　以前、ある企業が行った『靴に関するアンケート』の集計結果を見たときのこと。靴のメンテナンスを「しない」と回答した人たちに向けた「その理由を教えてください」という質問の回答欄には、「めんどうだから」「面倒なので」「面倒」「めんどくさい」の言葉がズラリ。「面倒」の2文字が、何かの図形に見えてくるくらいの勢いで、数枚のA4用紙がマイナスワードで埋め尽くされていました。

　ちなみに、そのほかの回答はというと、必要を感じない、気にしていない、買い替えるから、安い靴だから、靴は消耗品、などなど。靴磨き職人である僕にとっては、胸にぐさりと刺さるショックな言葉ばかり。やり方がわからない、時間がないという回答がやさしい慰めの言葉に感じられるほどでした。

　「ああ、靴磨きは、こんなにも面倒で不要なものだと思われているのか……」

しかし「よし！　靴磨きのことをもっと知ってもらわなければ」と、逆に闘志が湧いてもきました。僕は、靴磨きの楽しさを知っています。ピカピカになった靴を履くことが、どんなに人を元気にすることか！
　それを皆さんに伝えていくことが、靴を磨くことと同じくらい大切な僕の役割だと思うのです。

◇◇◇◇◇

　2008年にオープンしたBrift Hは、これまでの靴磨きのイメージを覆したいとカウンターで磨くバースタイルを採用しました。そして僕やスタッフが目指すのは「世界一カッコいい靴磨き職人」。それを見て「あれ？　靴磨きってカッコいいんじゃない？」と思ってもらえたら、靴磨き職人を目指す若者がたくさん出てきてくれたら、と願っています。
　きちんと磨いたあとの靴の美しさ、それを履いて街を歩くときの昂揚感、年を経て自分らしさを増していく靴を長く使いつづけられる幸せ。ただ靴を磨くだけでこんなにも「いいこと」が得られるのだと多くの方に知ってもらいたい。
　そんな思いを込めてこの本をつくりました。

◇◇◇◇◇

　この本を出版するにあたり、多くの方々のサポートがあったからこそ、いまの僕があるのだと改めて気づきました。感謝の気持ちでいっぱいです。この場を借りて僕の周りの皆様に御礼申し上げます。
　Brift Hのスローガンは「世界の足元に革命を！」。靴磨きを始めることで、皆さんの足元にも気持ちにも革命が起こりますように。

　　2016年5月吉日　　Brift H代表／靴磨き職人　長谷川裕也

## 店舗所在地

○ Brift H AOYAMA
〒107-0062
東京都港区南青山6-3-11 PAN南青山204
TEL & FAX ／ 03-3797-0373
MAIL ／ info@brift-h.com
営業時間／平日11:00〜19:00(L.O.18:00)
定休日／火曜

東京メトロ銀座線・千代田線・半蔵門線 表参道駅より徒歩10分ほど。表参道駅B1出口を渋谷方面に直進すると骨董通りの入口にぶつかります。骨董通りを7、8分直進し、交差点を渡ると左手にある「PAN南青山」というビルの右奥の階段を昇った2階です。

○ Brift H SAPPORO
〒060-0063
北海道札幌市中央区南3条西8丁目11-2
島屋ビル2F-C
TEL ／ 011-596-7969
営業時間／11:00〜19:00
日曜〜18:00　定休日／水曜、第4火曜

○ THE SHOESHINE AND BAR
〒105-0003
東京都港区西新橋2-33-2先
TEL ／ 03-6452-8839
営業時間／靴磨き11:30〜20:30(L.O.20:00)
金曜のみ〜23:00
土曜11:00〜19:00(L.O.18:30)
バー16:00〜23:00(L.O.22:00) 土曜休み
定休日／日曜・祝日

## Brift H サービスメニュー
(税抜、2024年5月現在／税込)

○ The Brift（靴磨きコース）
仕上がり時期　　当日／お預かり（1週間後〜）
メンズシューズ　　　　5500円／3900円
パンプス　　　　　　　4400円／3500円
ロングブーツ　　　　　6600円／4500円

店舗カウンターでの靴磨きは予約制
靴磨き職人の指名料あり

○ キズ・ひび割れ補修　　　お問合せください

○ 靴の内側の補修　　パッチ1カ所　1650円

○ 靴底の貼り替え（ラバー）
つま先　3025円〜
かかと　4235円〜
ハーフソール　4235円〜
オールソール　14520円〜

○ リカラー（革の染め変え）
シューズ　18700円〜

○ チャールズパッチ（1カ所）
お問合せください

○ Brift H ショッピングページ
http://brift-h.shop/
オリジナルグッズなどがご購入いただけます。

## 靴磨(くつみが)きの本(ほん)

2016年7月9日　第1刷発行
2024年7月11日　第13刷発行

著者　長谷川裕也(はせがわゆうや)

デザイン　　漆原悠一(tento)
文・構成　　たむらけいこ
写真　　　　吉次史成
イラスト　　清水将司

発行所　株式会社亜紀書房
　　　　〒101-0051
　　　　東京都千代田区神田神保町1-32
　　　　TEL 03-5280-0261(代表)
　　　　　　 03-5280-0269(編集)
　　　　http://www.akishobo.com/
　　　　振替　00100-9-144037

印刷所　株式会社トライ
　　　　http://www.try-sky.com/

©Yuya Hasegawa 2016 Printed in Japan
ISBN978-4-7505-1476-5　C0077

本書の内容の一部あるいはすべてを
無断で複写・複製・転載することを禁じます。
乱丁・落丁本はお取り替えいたします。

本書はコデックス装という製本方法を採用しております。
背表紙をつけずに糸でページを綴じているため、どのページもきれいに開くことができます。